APPRENDRE À DESSINER

ce cahier d'activités appartient à :

....

....

Merci d'avoir choisi notre Cahier d'activités. C'est génial que vous aimiez les Cahiers d'activités autant que nous ! Nous espérons que vous l'aimez ! Si vous le faites, envisageriez-vous de publier un avis en ligne ? Cela nous aide à continuer à fournir d'excellents produits et aide les acheteurs potentiels à prendre des décisions en toute confiance.

Merci d'avance pour votre avis et d'être un client merveilleux.

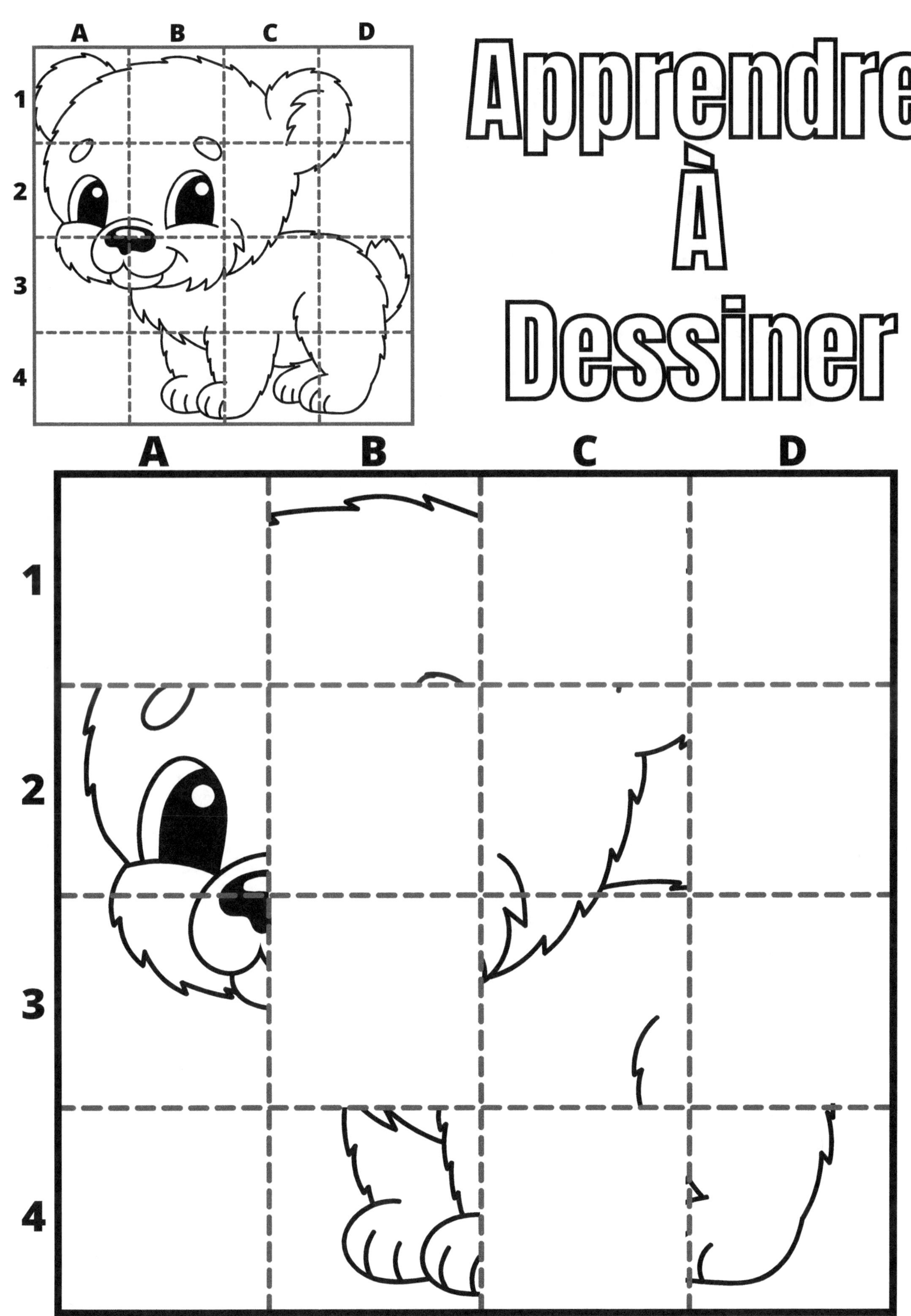
Apprendre
À
Dessiner
A
B
C
D
1
2
3
4

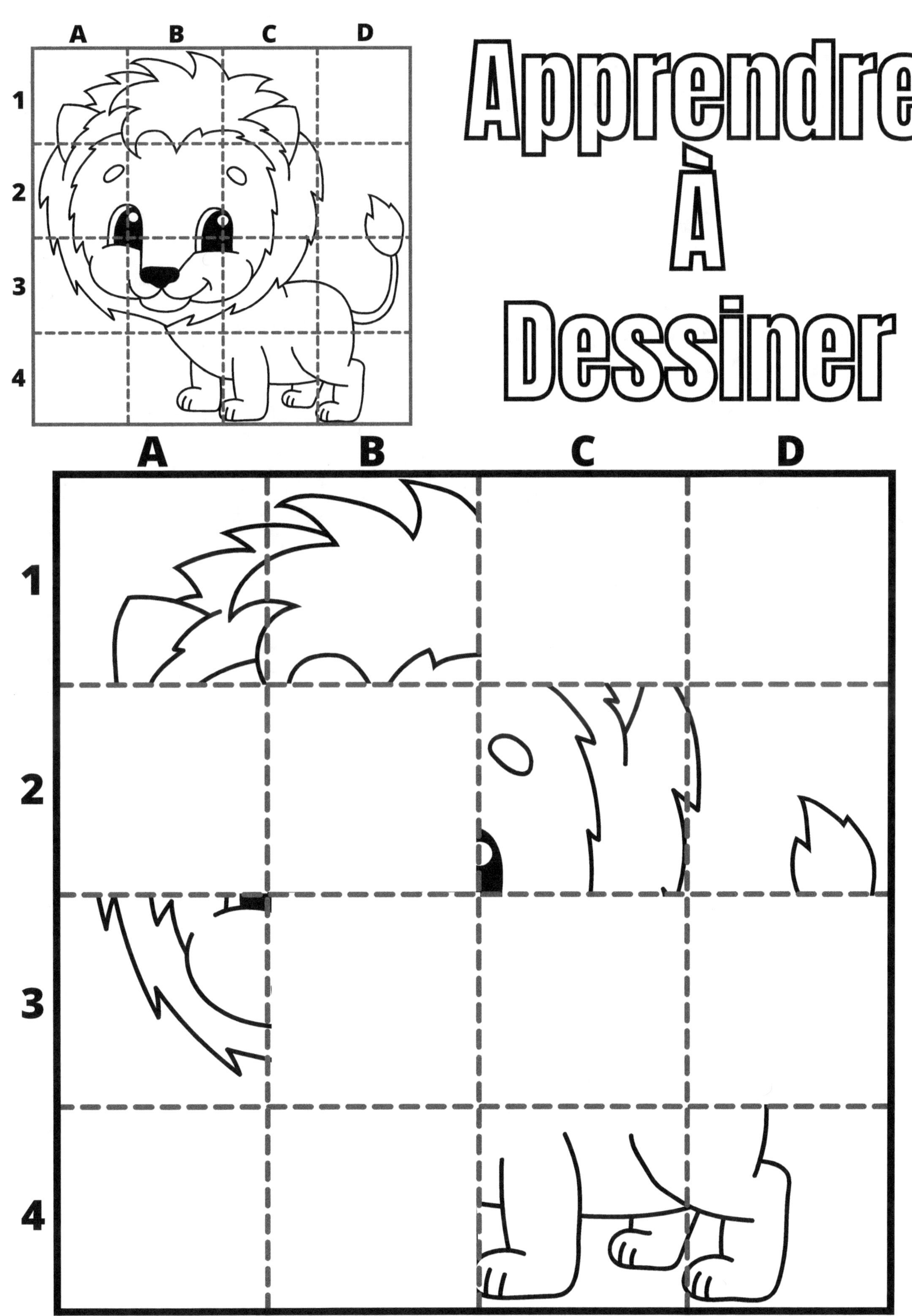

Apprendre
À
Dessiner
A
B
C
D
1
2
3
4
A
B
C
D
1
2
3
4

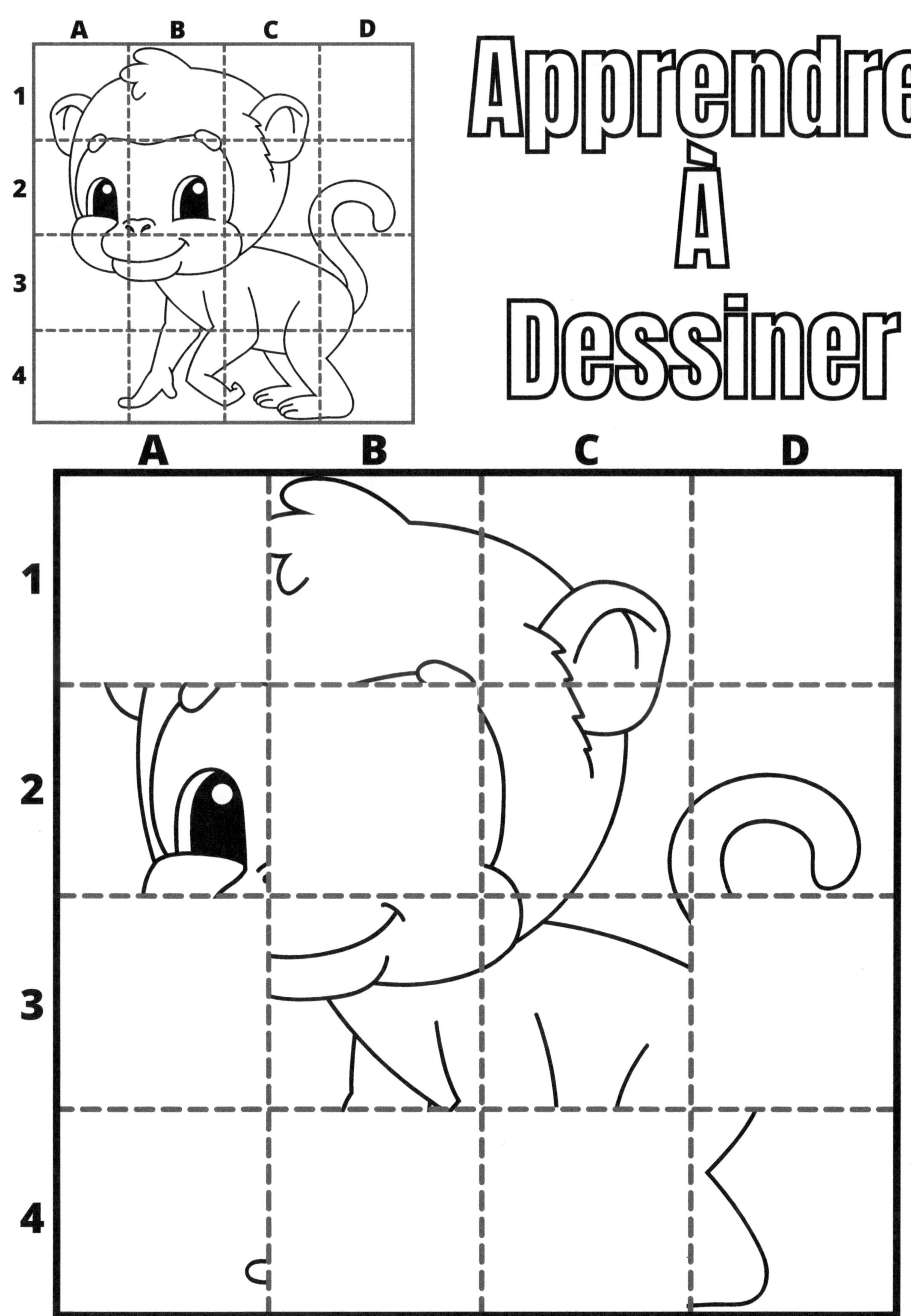

A
B
C
D
1
2
3
4
Apprendre
À
Dessiner
A
B
C
D
1
2
3
4

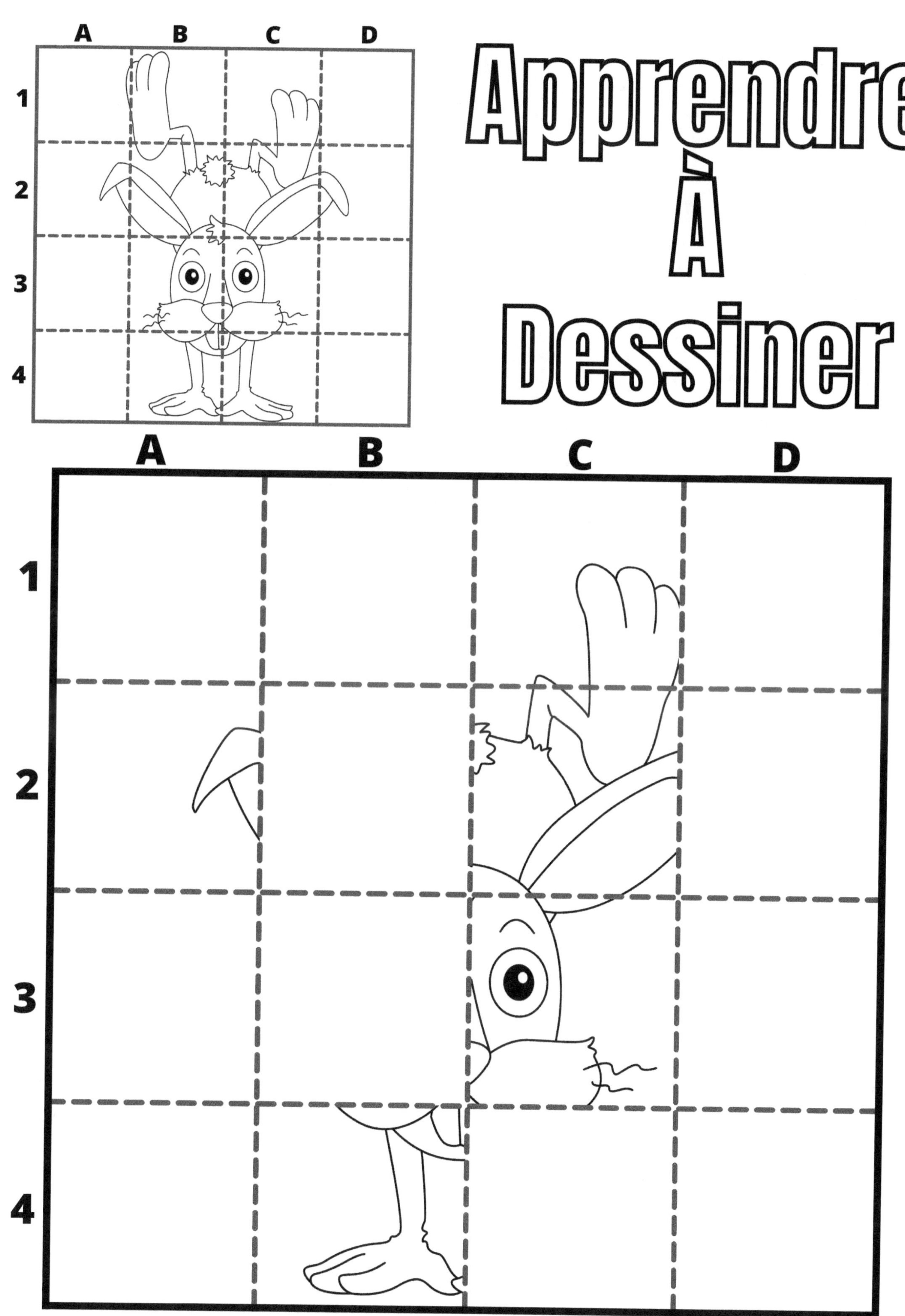
A
B
C
D
1
2
3
4
Apprendre
À
Dessiner
A
B
C
D
1
2
3
4

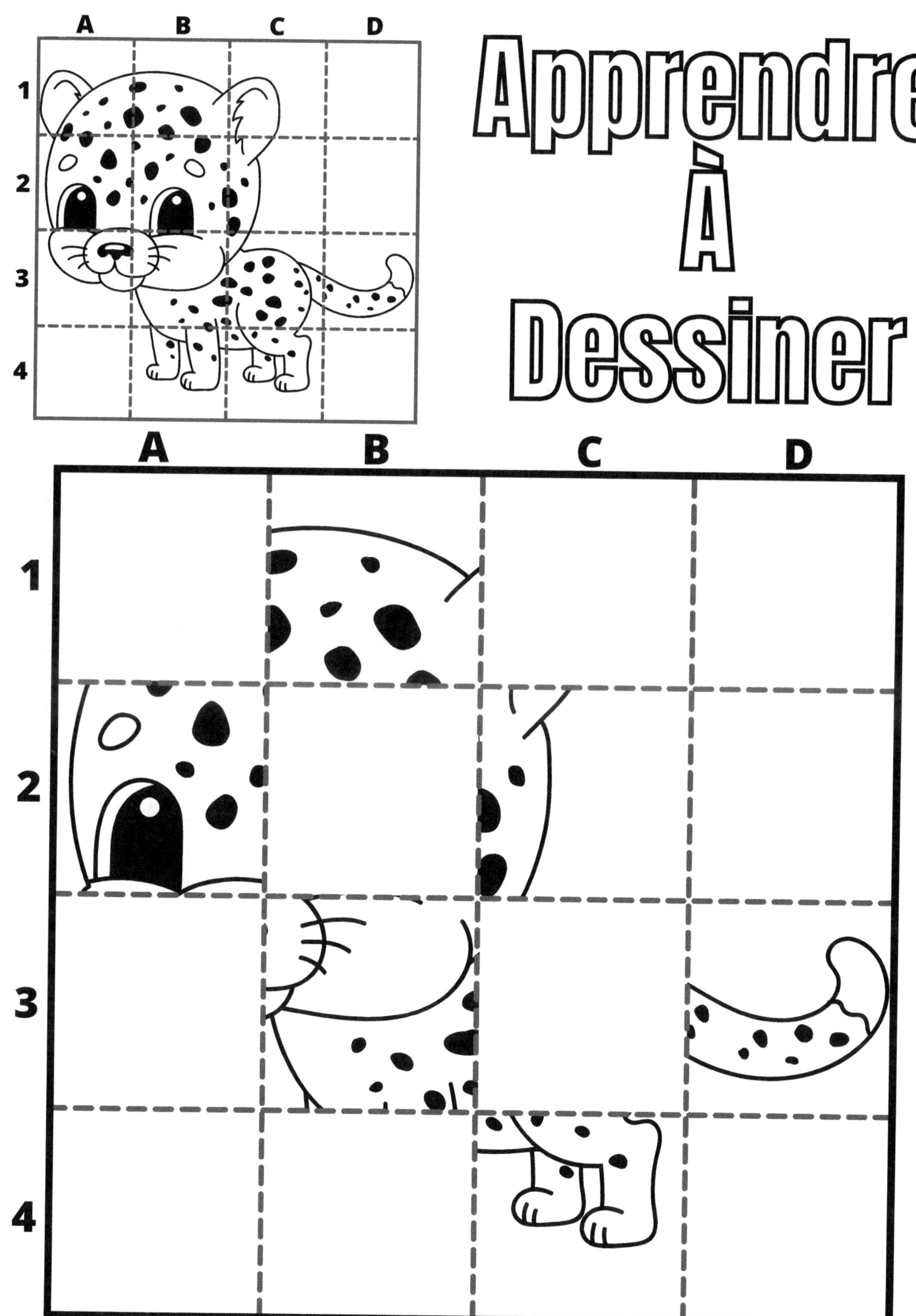
A
B
C
D
1
2
3
4
Apprendre
À
Dessiner
A
B
C
D
1
2
3
4

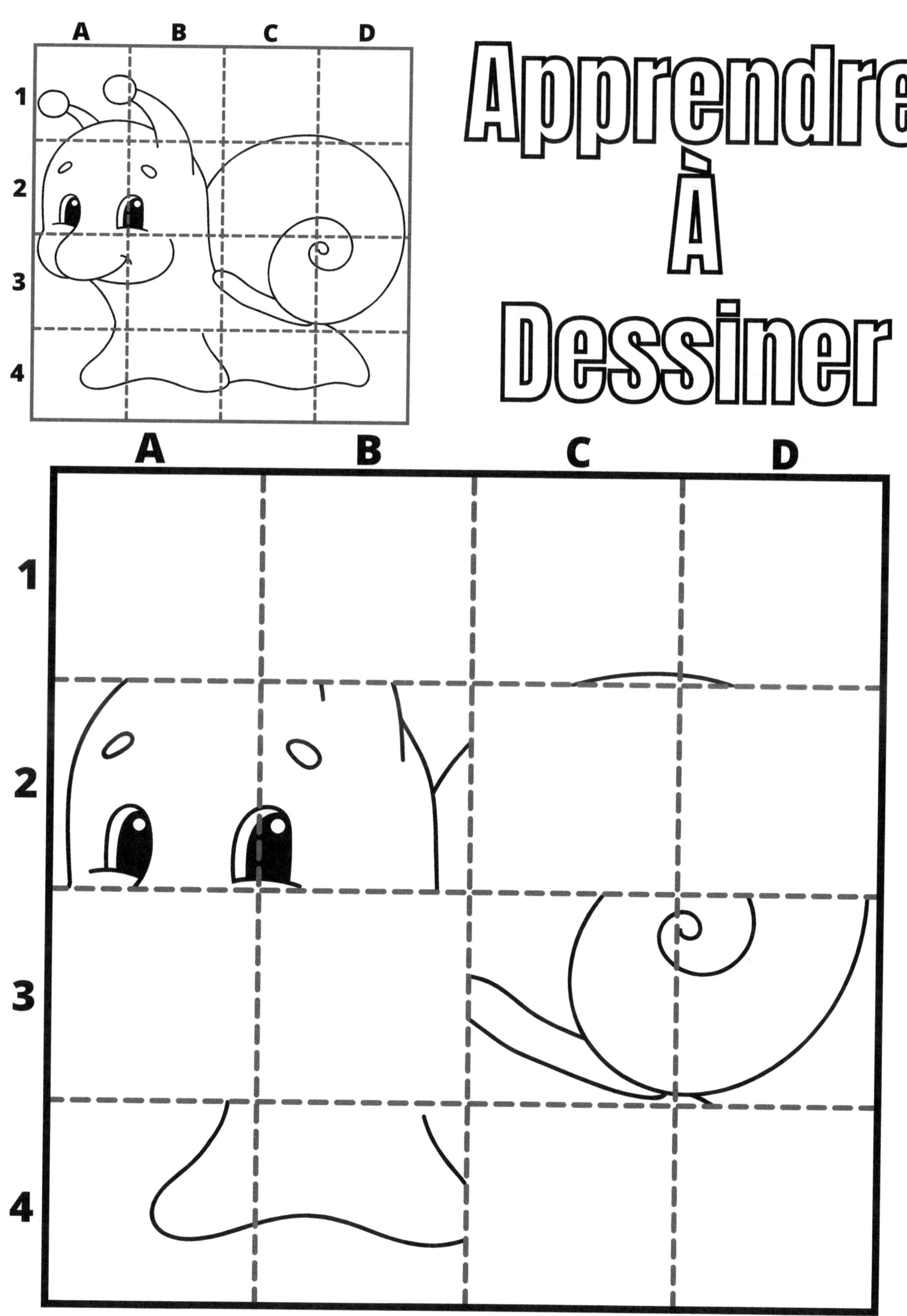
Apprendre
À
Dessiner
A B C D
1 2 3 4
A B C D
1 2 3 4

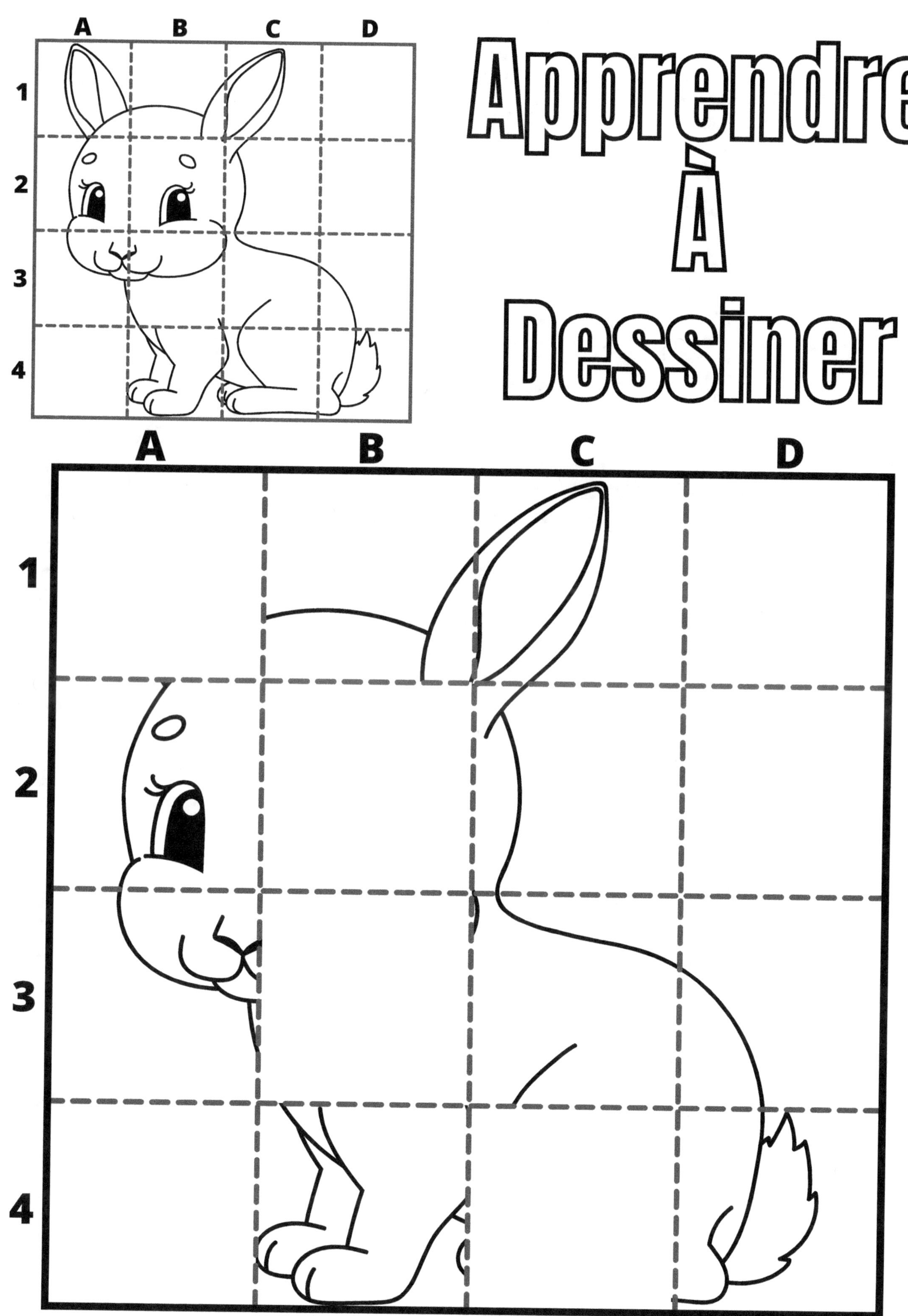
A
B
C
D
1
2
3
4
Apprendre
À
Dessiner
A
B
C
D
1
2
3
4

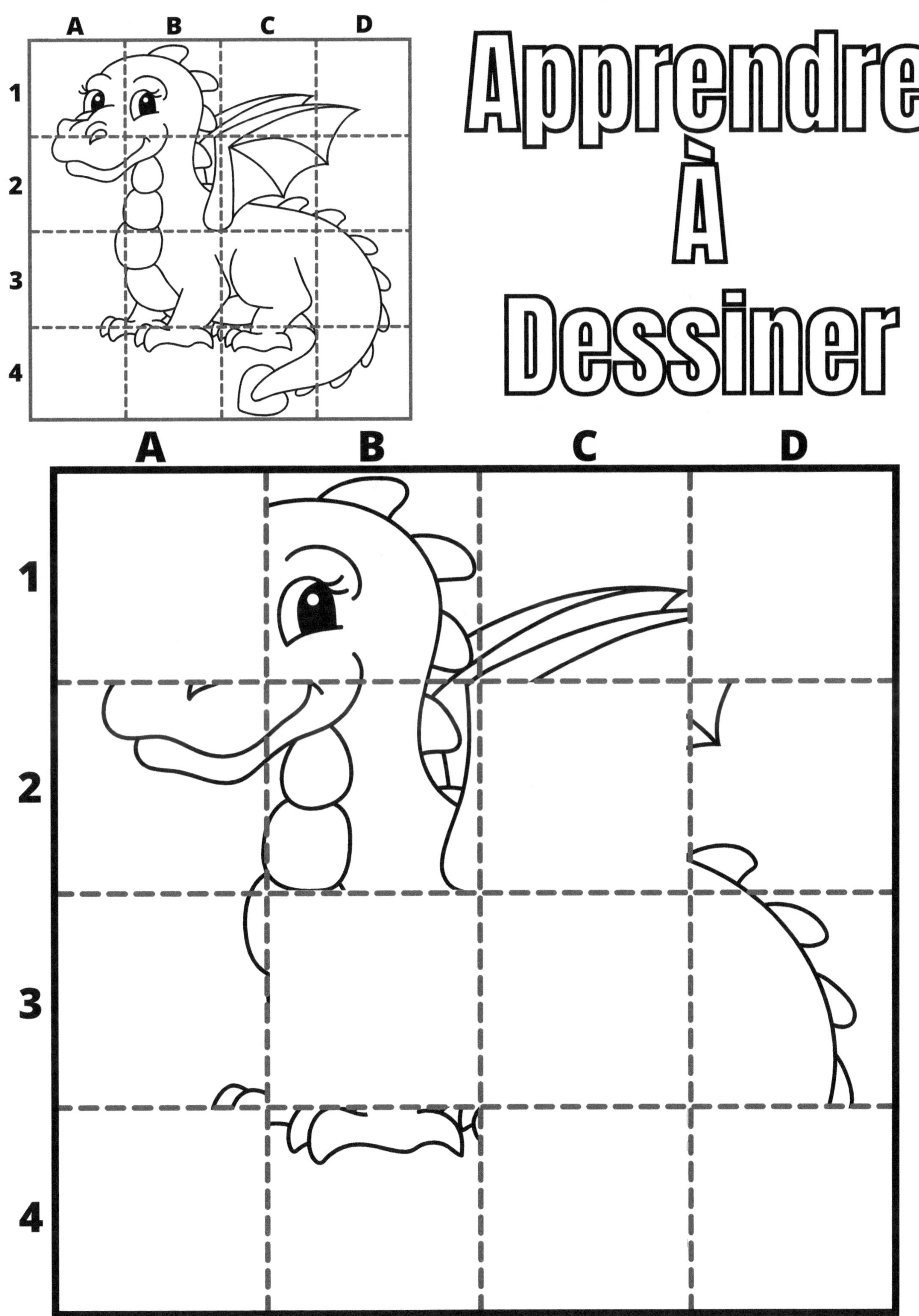
Apprendre
À
Dessiner
A
B
C
D
1
2
3
4

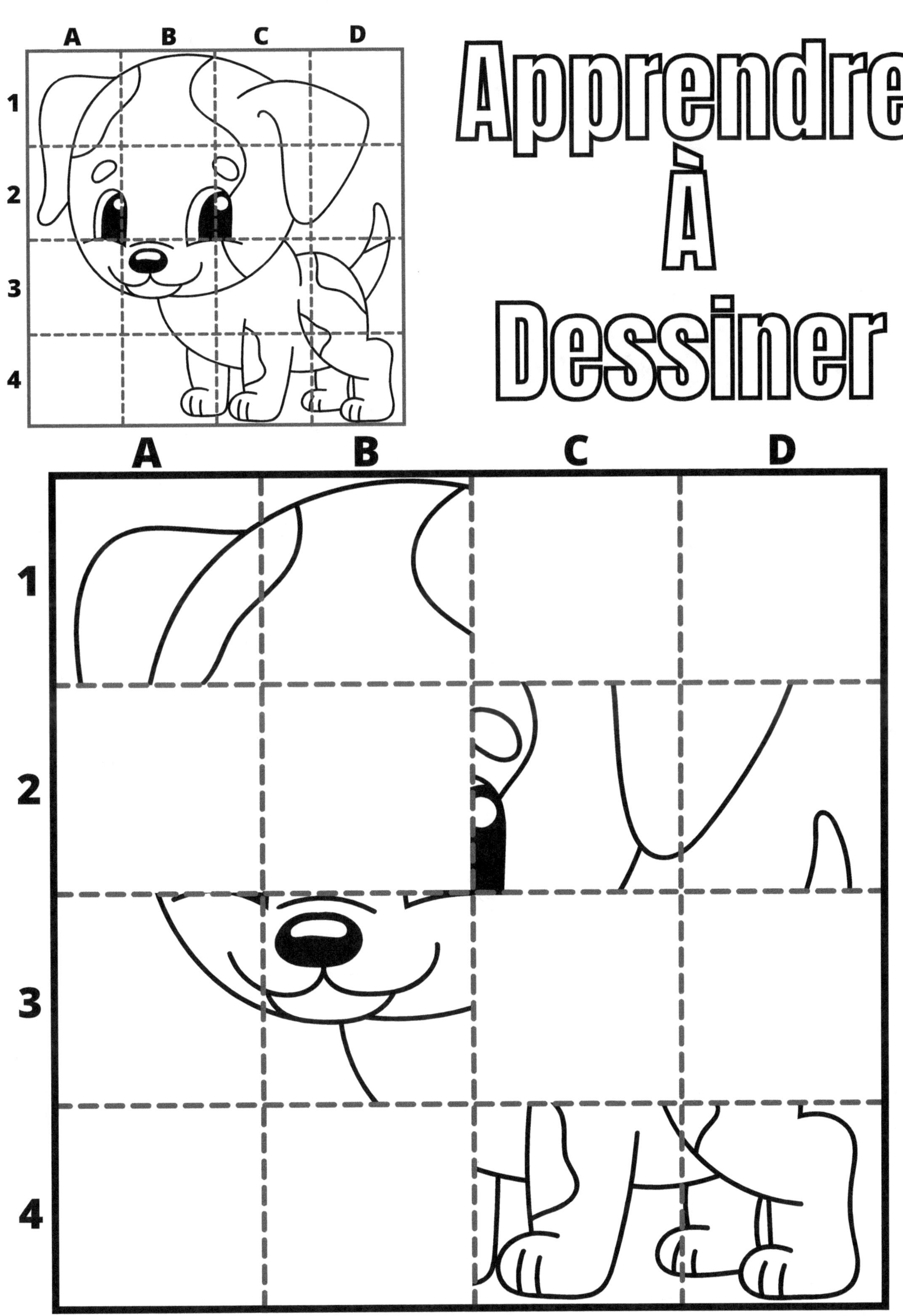
A
B
C
D
1
2
3
4
Apprendre
À
Dessiner
A
B
C
D
1
2
3
4

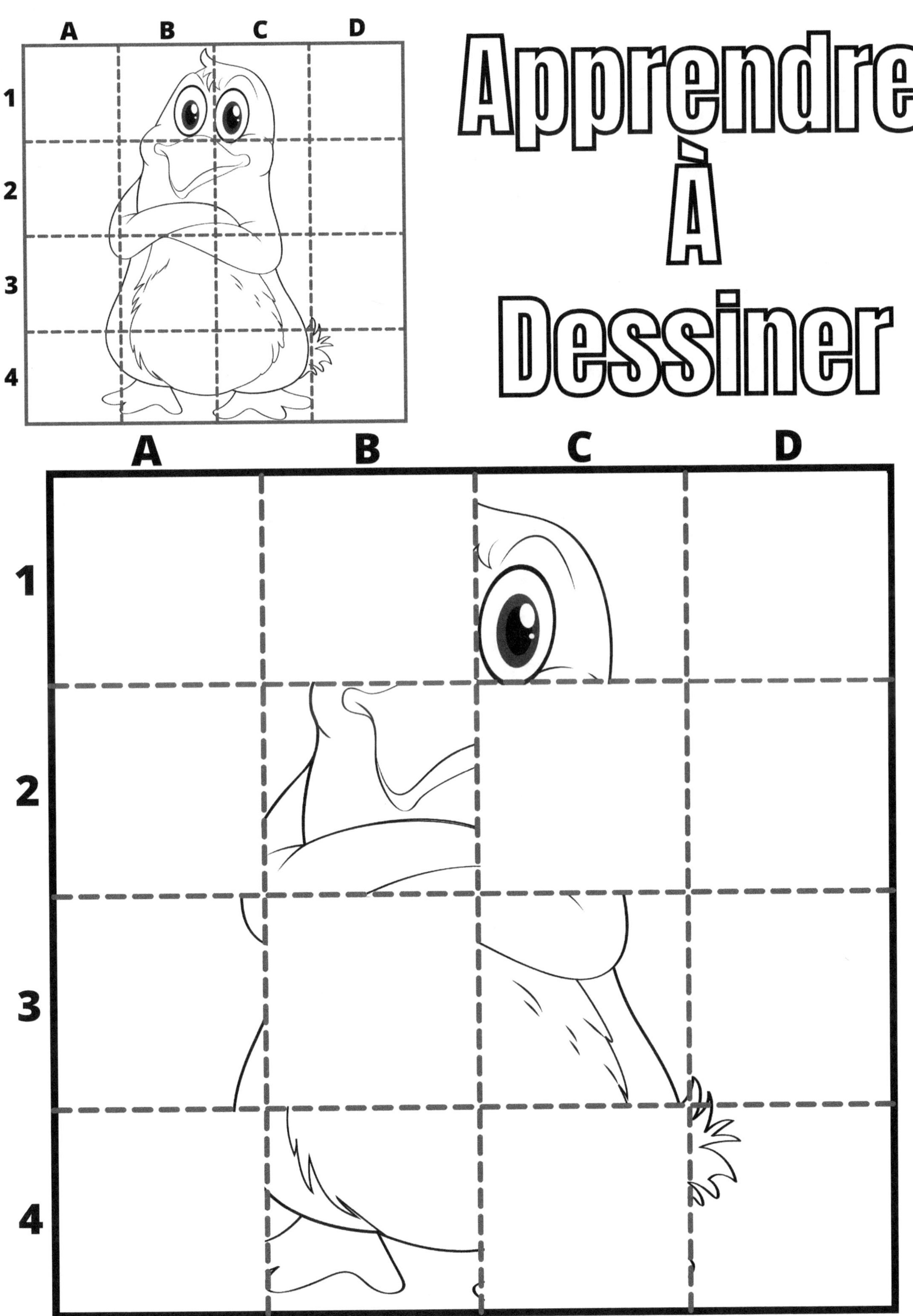
Apprendre
À
Dessiner
A B C D
1 2 3 4

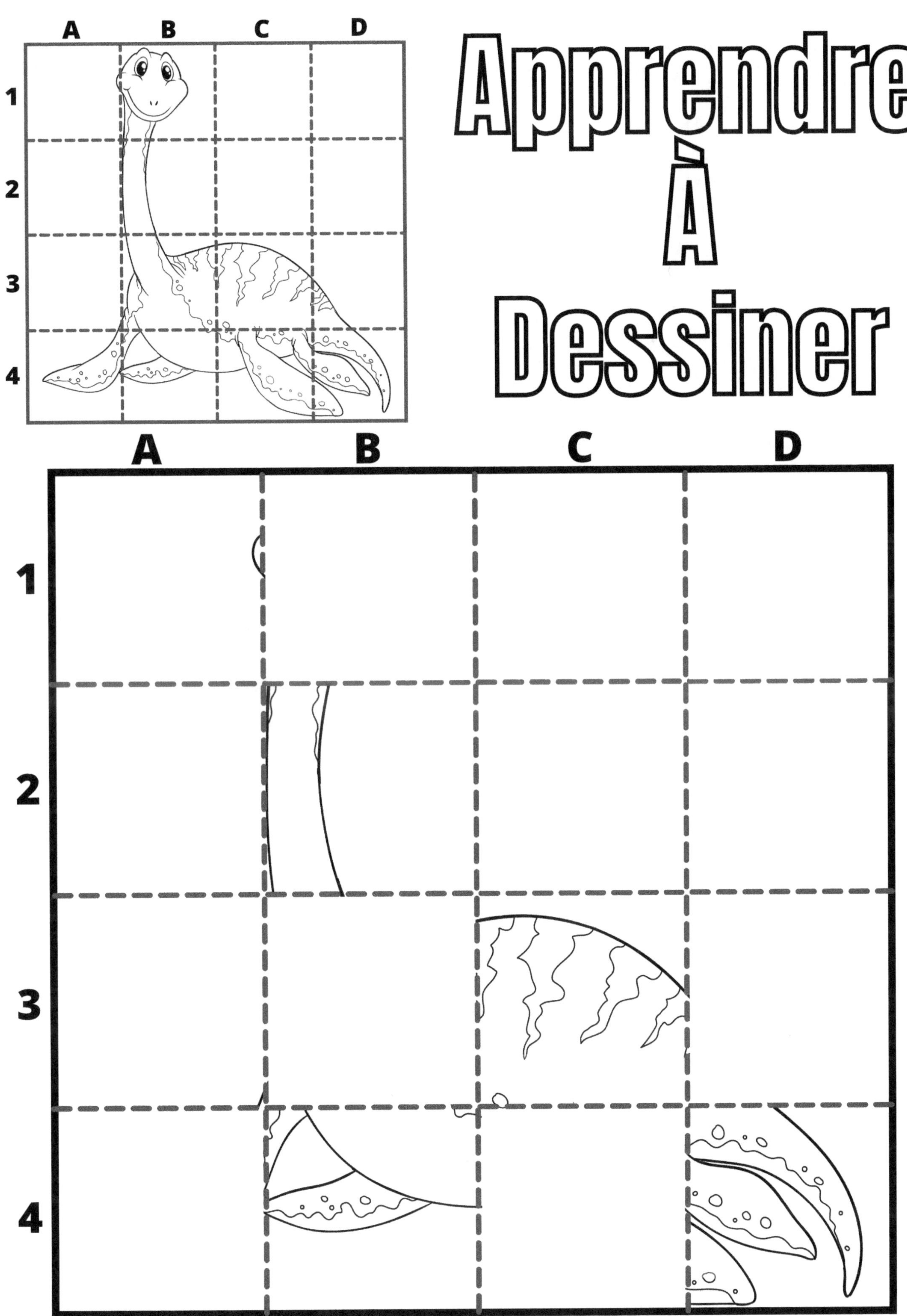
Apprendre
À
Dessiner
A
B
C
D
1
2
3
4
A
B
C
D
1
2
3
4

Apprendre À Dessiner

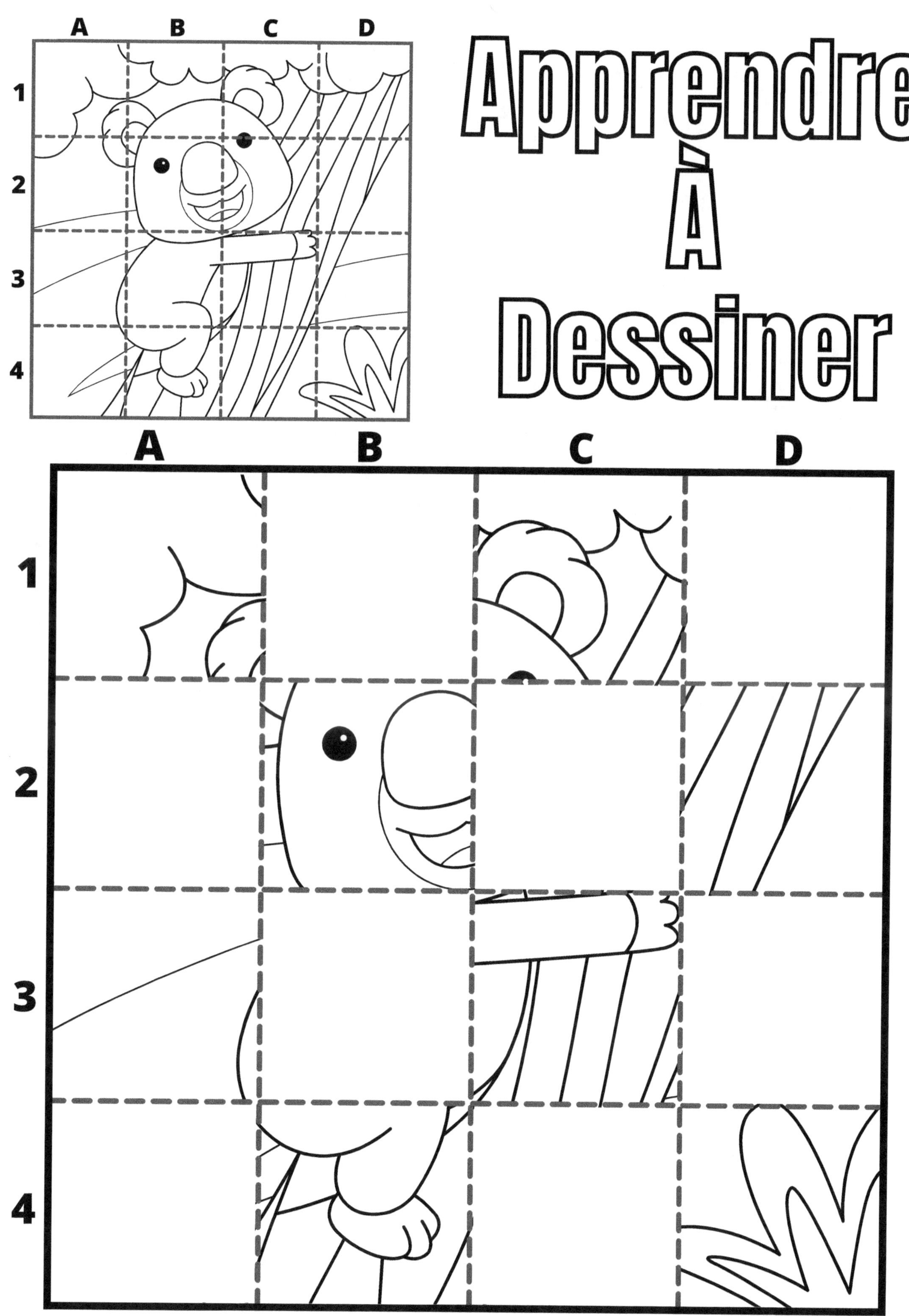

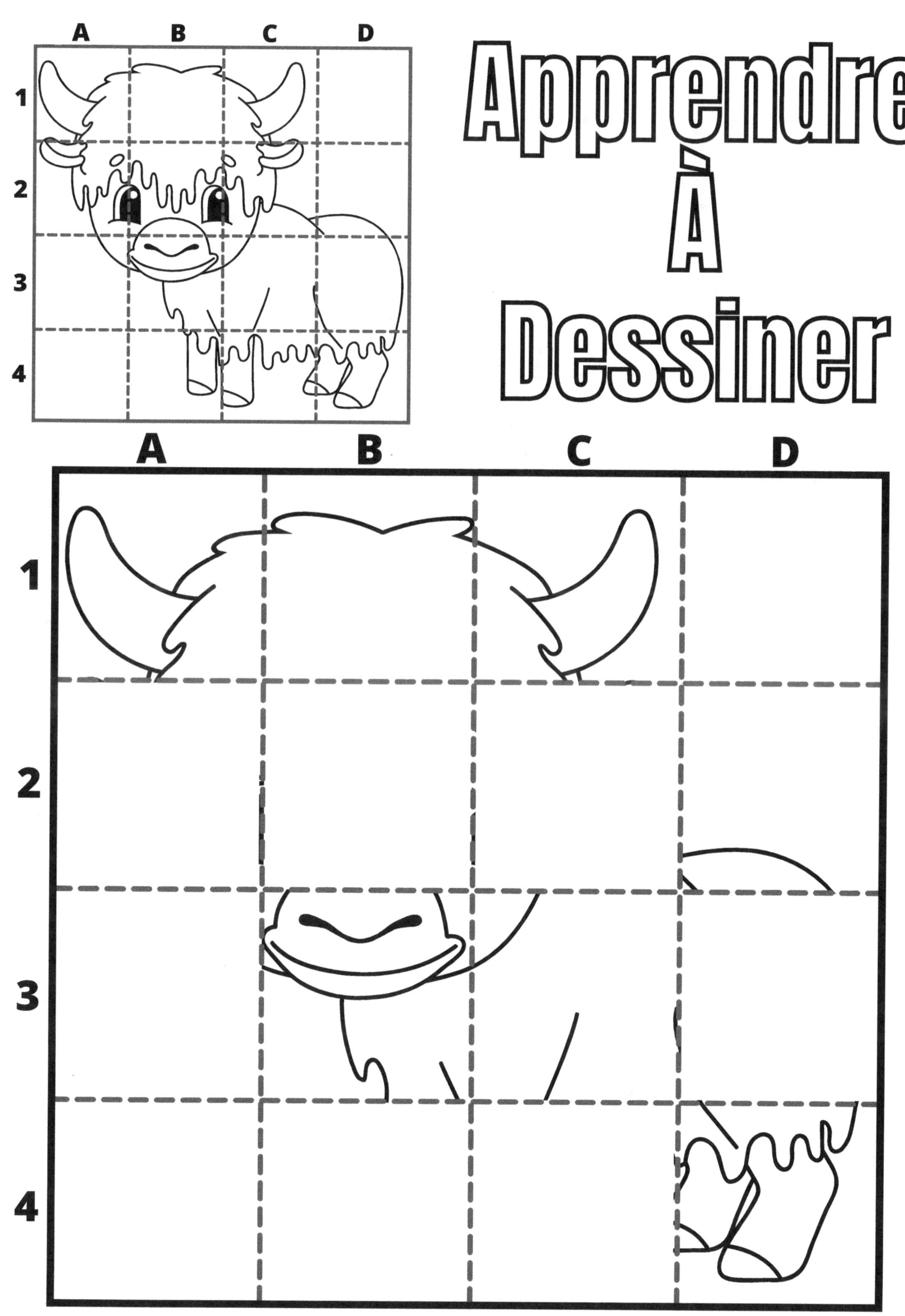
Apprendre
À
Dessiner
A
B
C
D
1
2
3
4
A
B
C
D
1
2
3
4

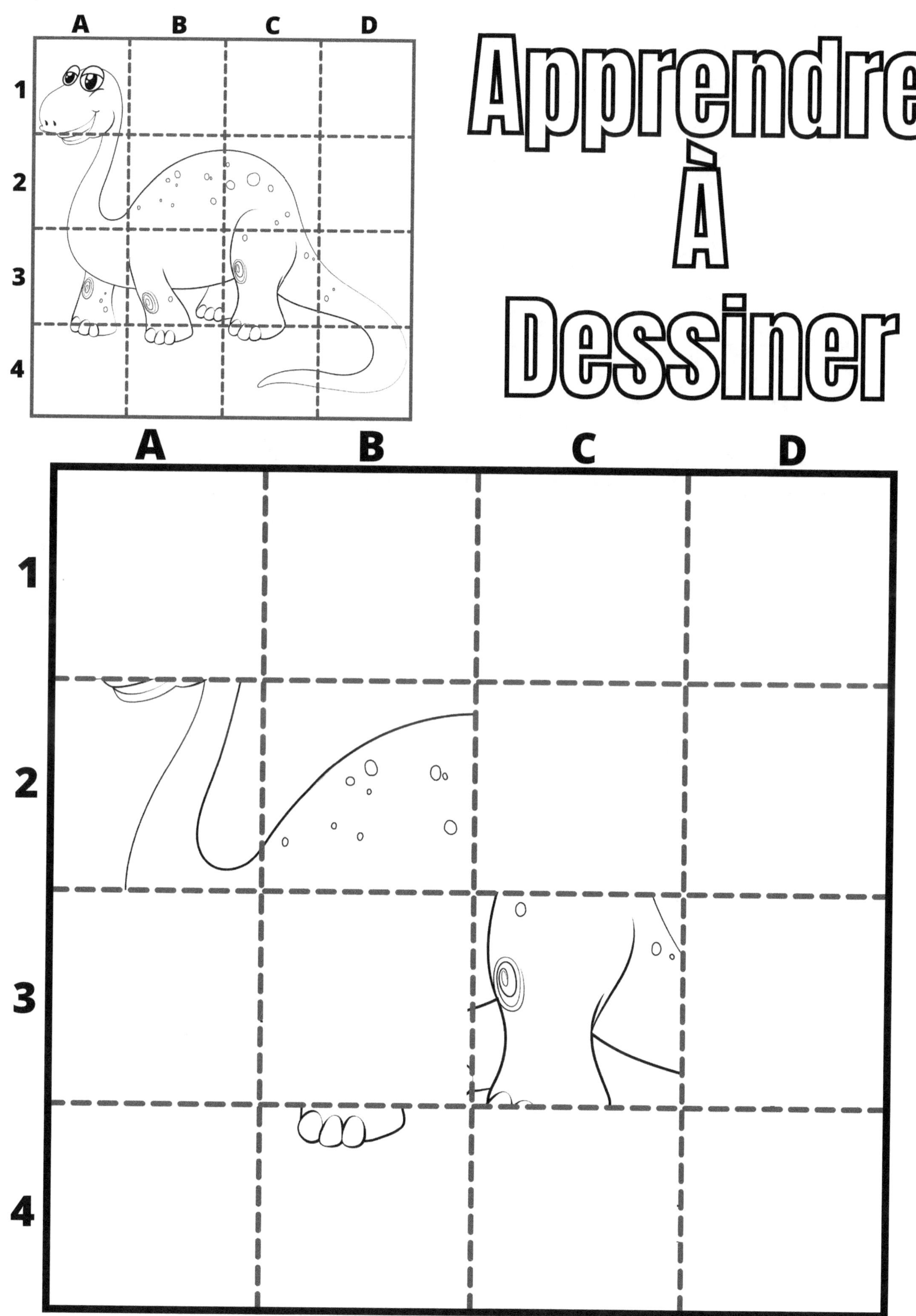
A B C D
1 2 3 4
Apprendre
À
Dessiner
A B C D
1 2 3 4

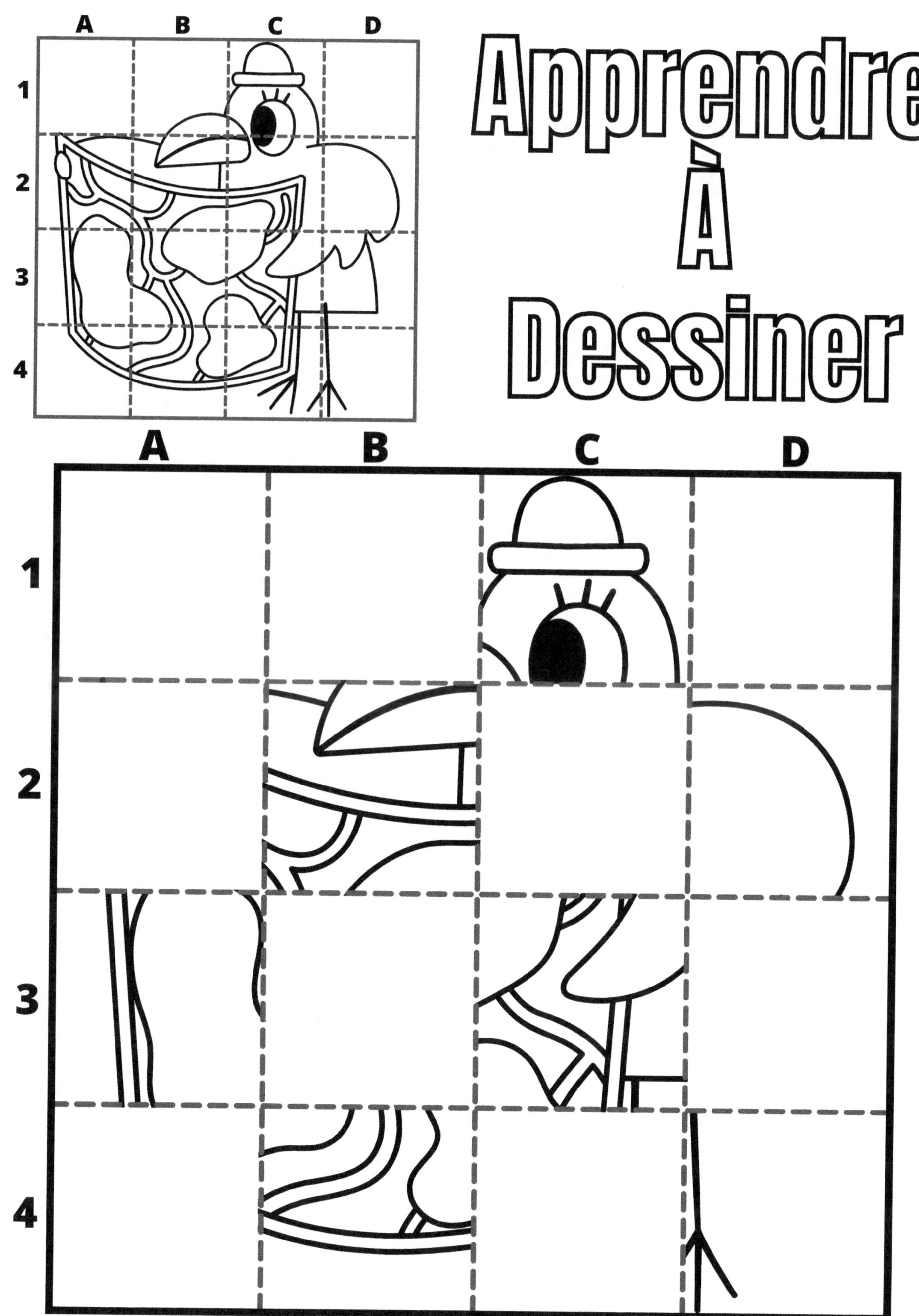
A B C D
1 2 3 4
Apprendre À Dessiner
A B C D
1 2 3 4

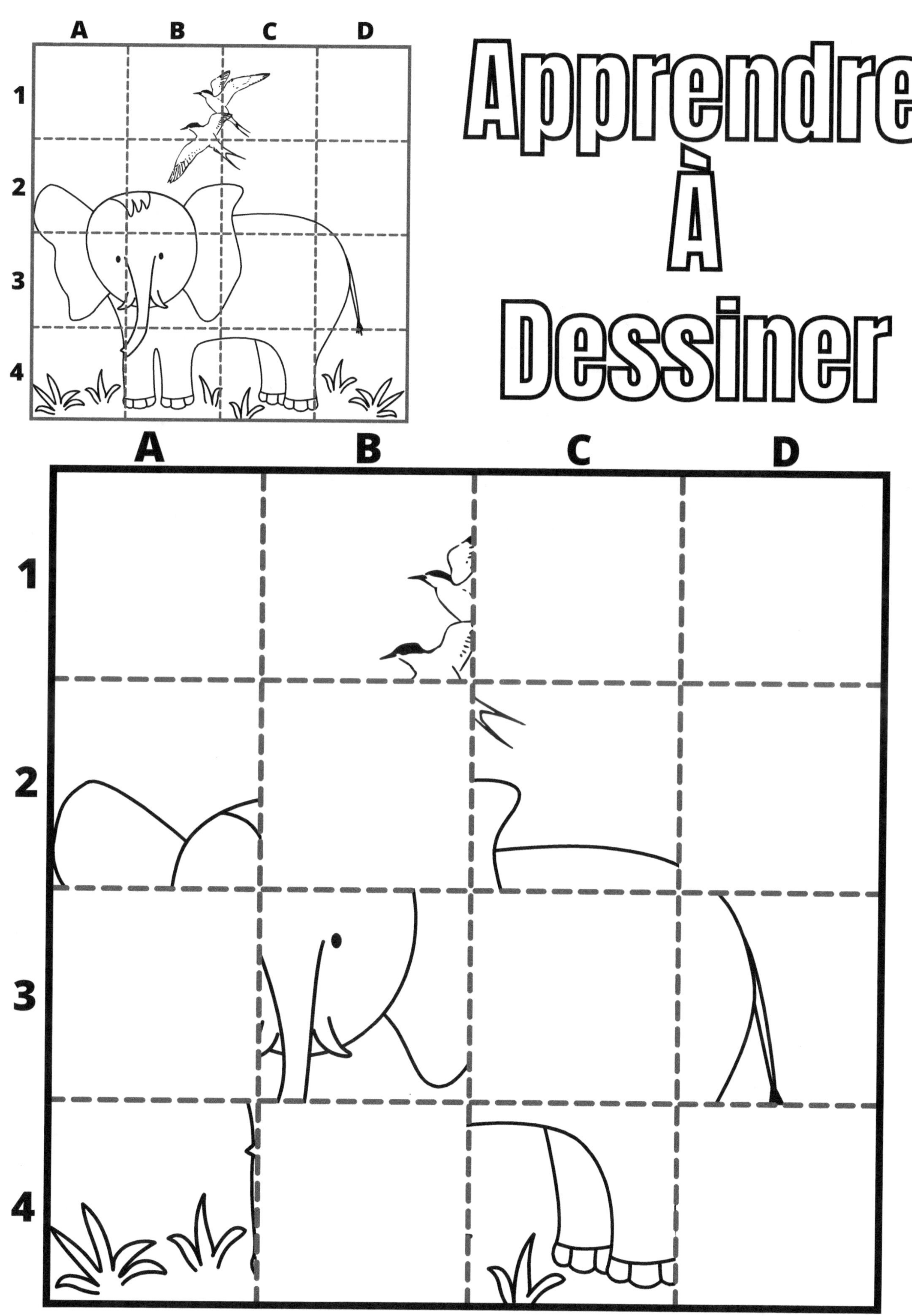
Apprendre
À
Dessiner
A
B
C
D
1
2
3
4

Apprendre À Dessiner

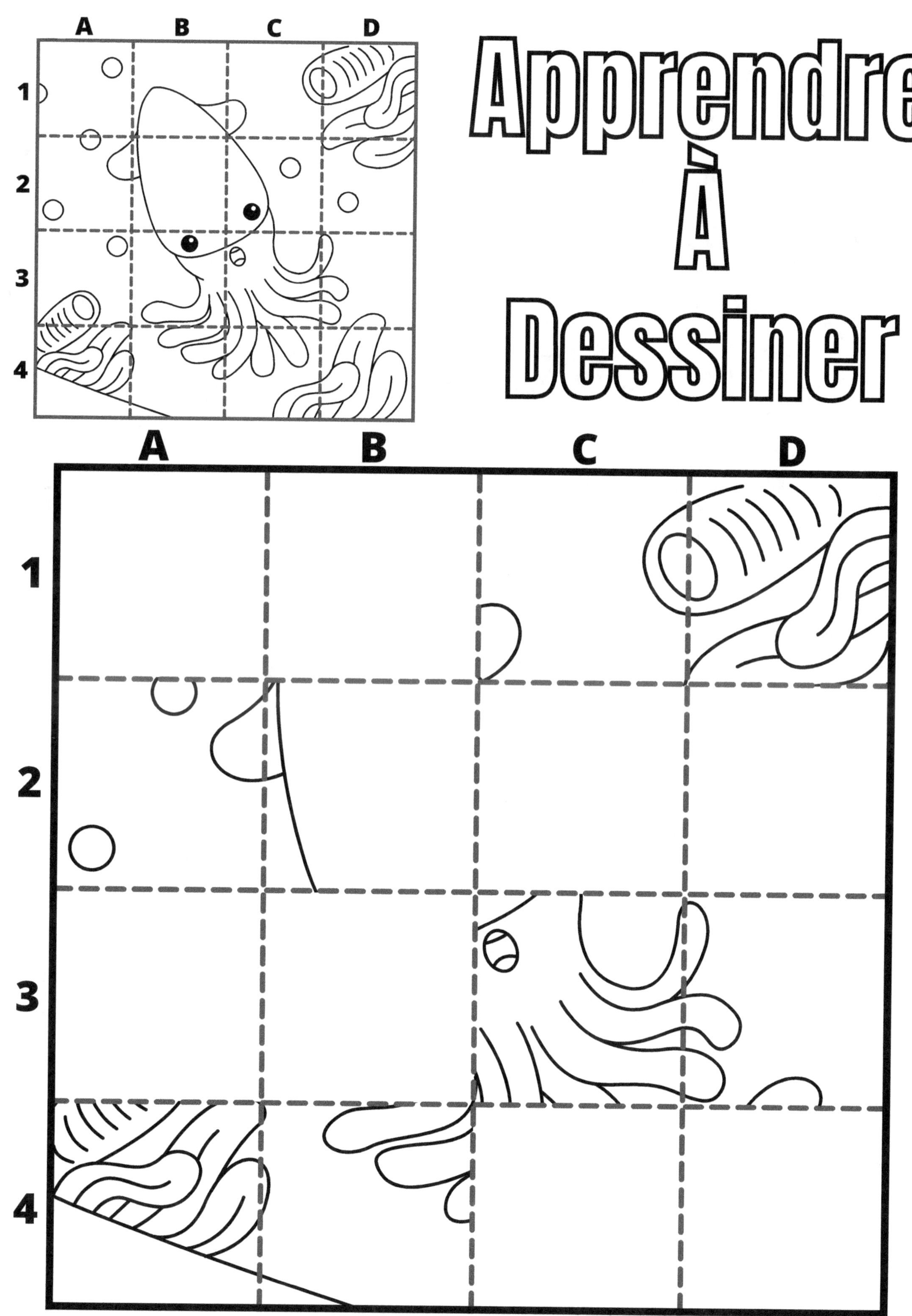

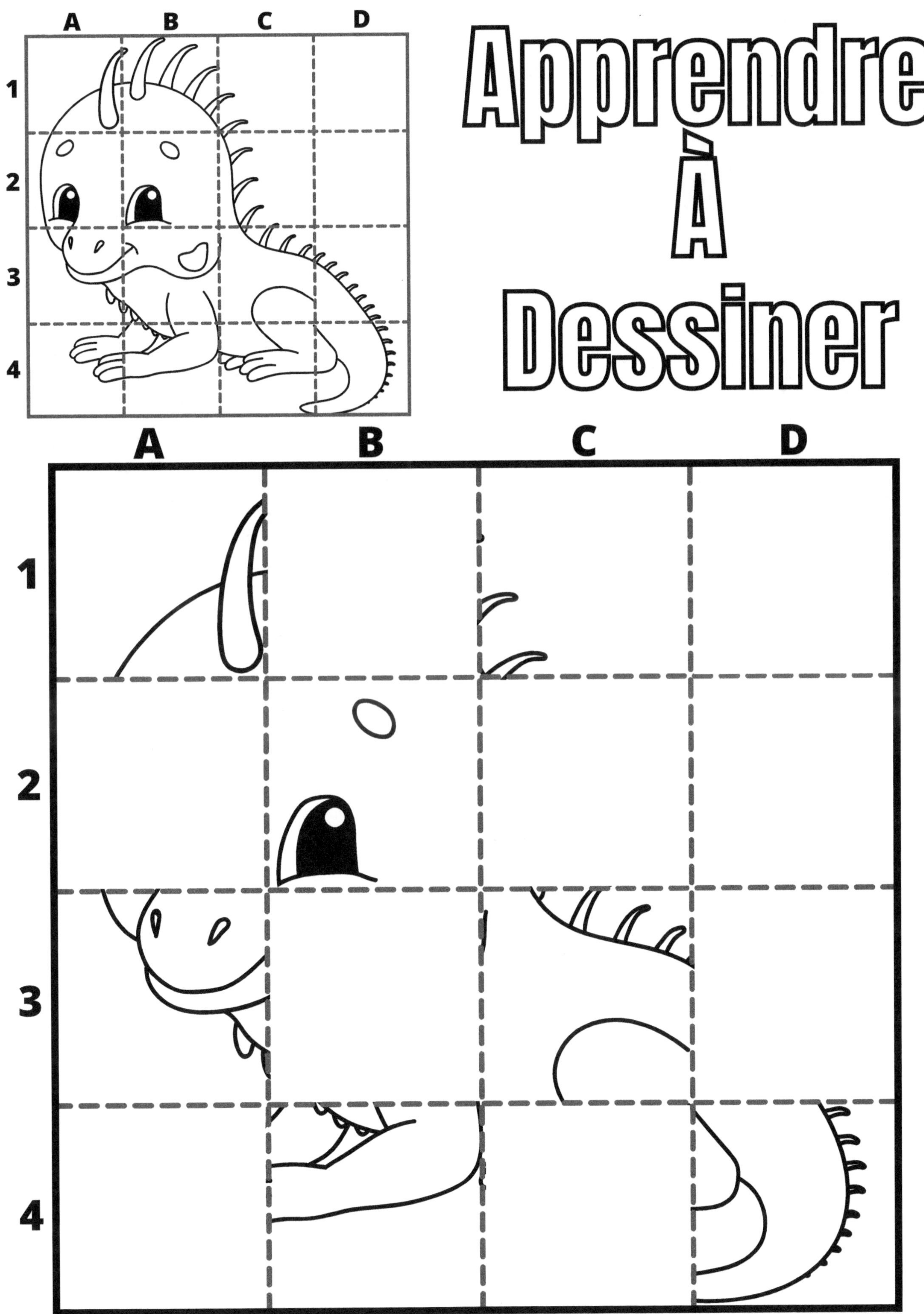
Apprendre
À
Dessiner
A
B
C
D
1
2
3
4
A
B
C
D
1
2
3
4

Apprendre À Dessiner

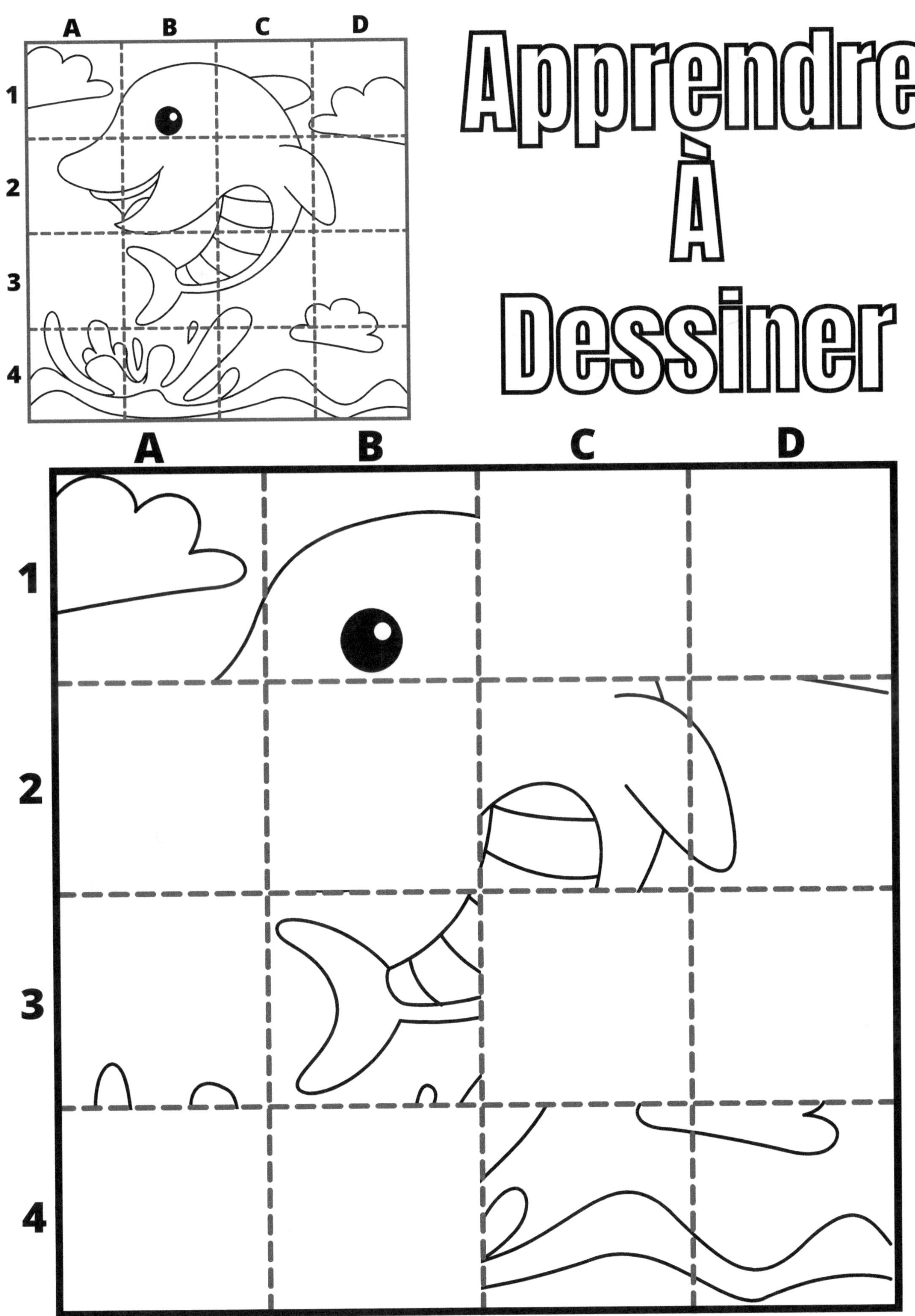

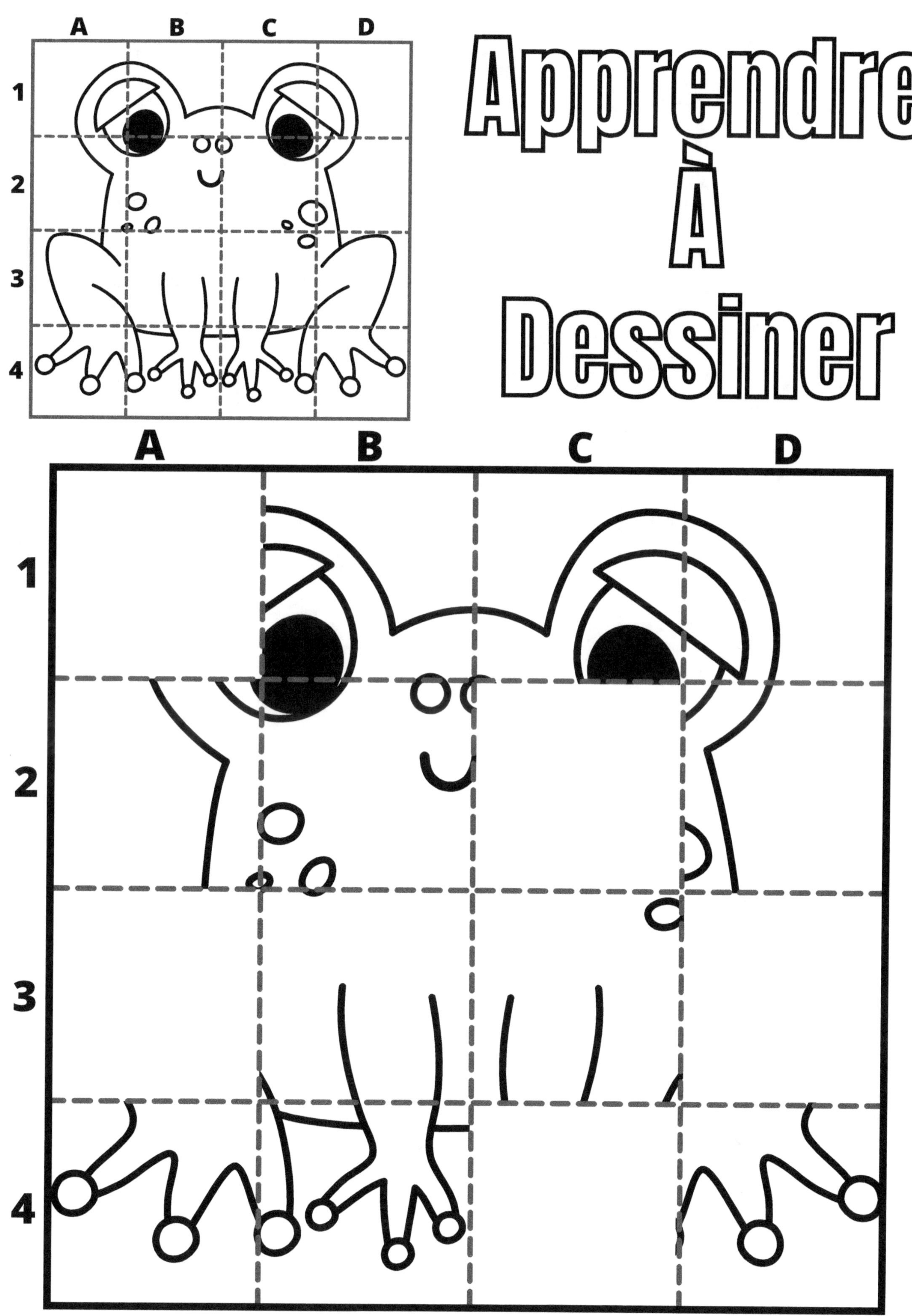
Apprendre
À
Dessiner
A
B
C
D
1
2
3
4

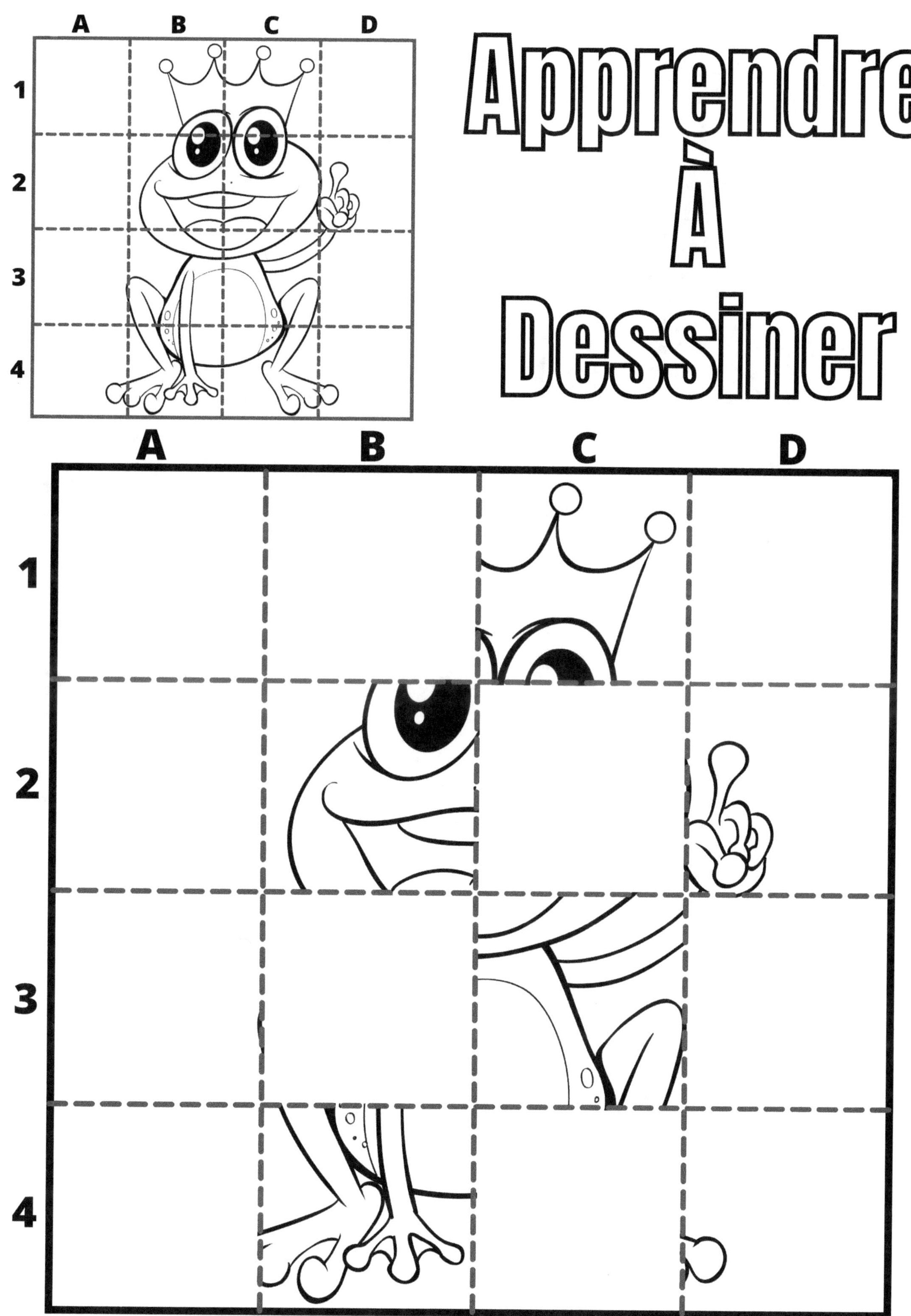
A
B
C
D
1
2
3
4
Apprendre
À
Dessiner
A
B
C
D
1
2
3
4

Apprendre À Dessiner

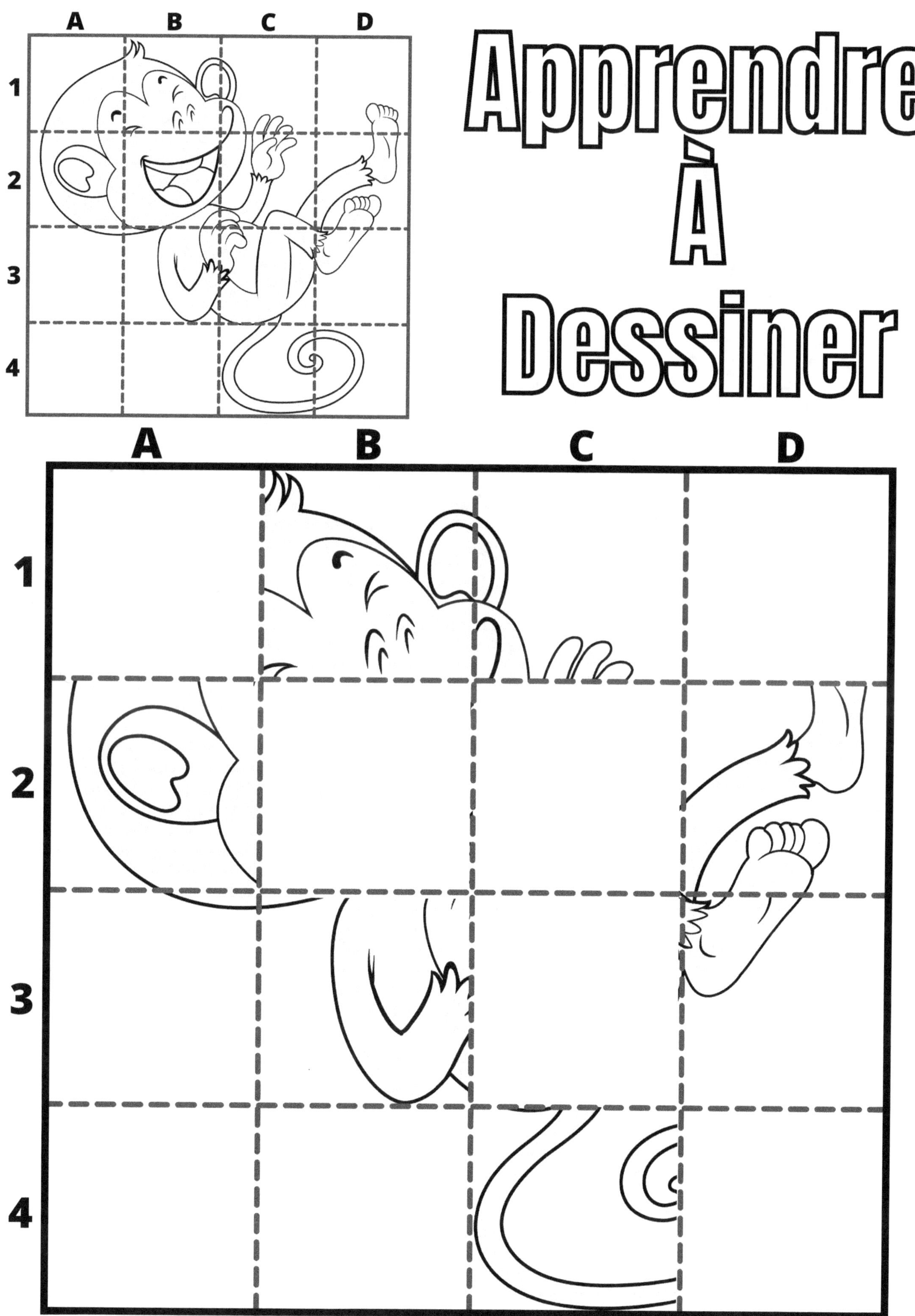

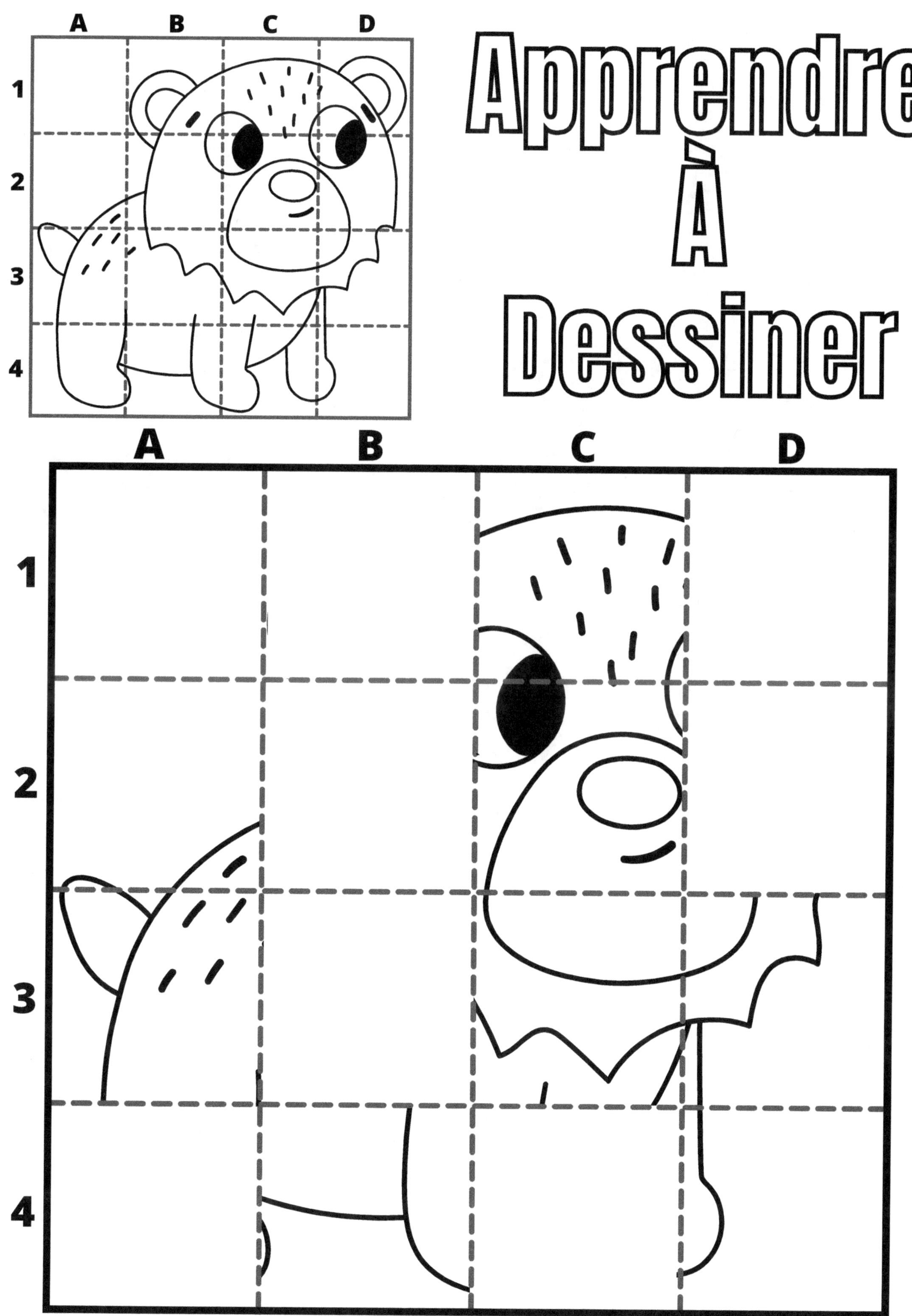
Apprendre
À
Dessiner
A
B
C
D
1
2
3
4
A
B
C
D
1
2
3
4

Apprendre À Dessiner

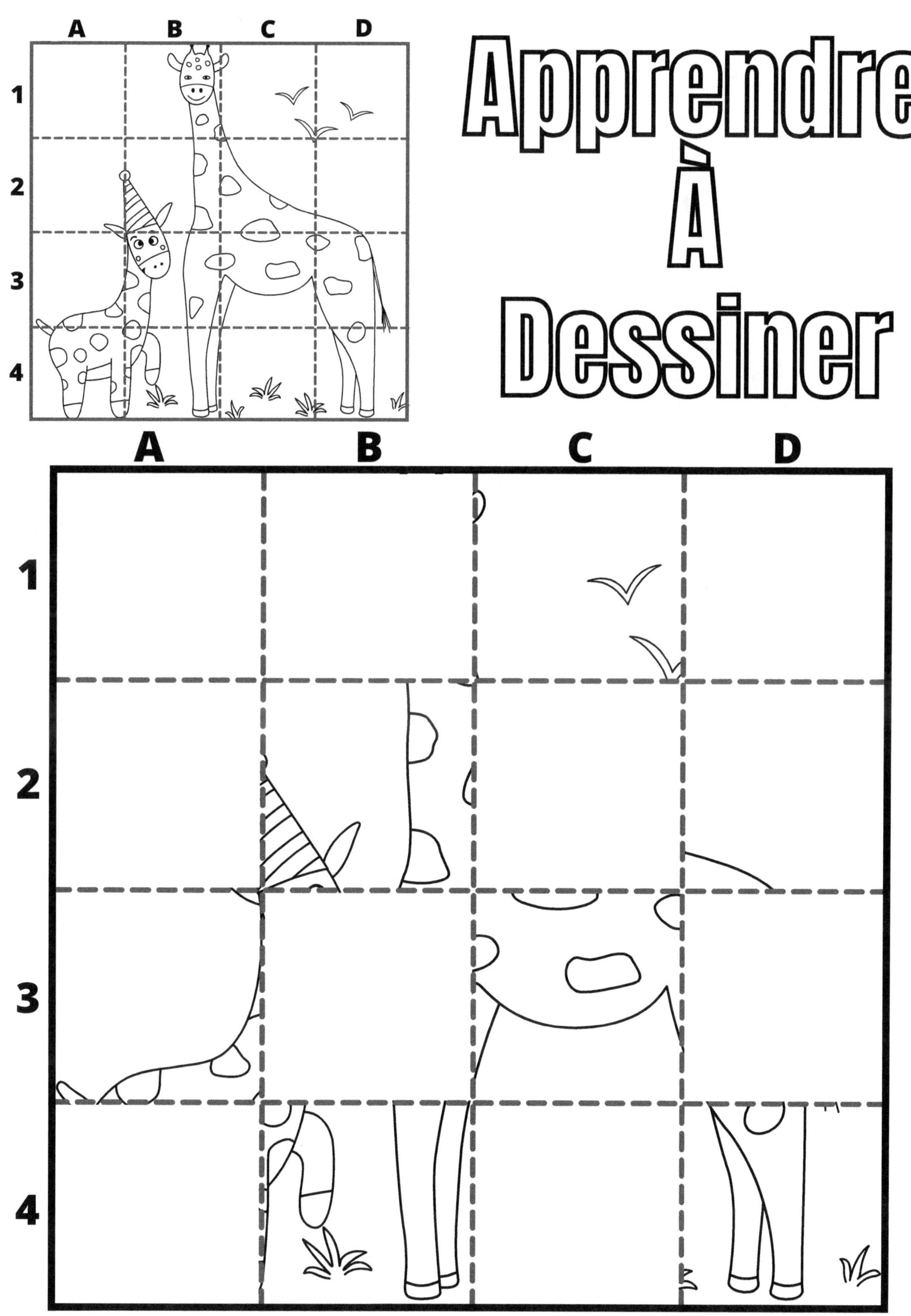

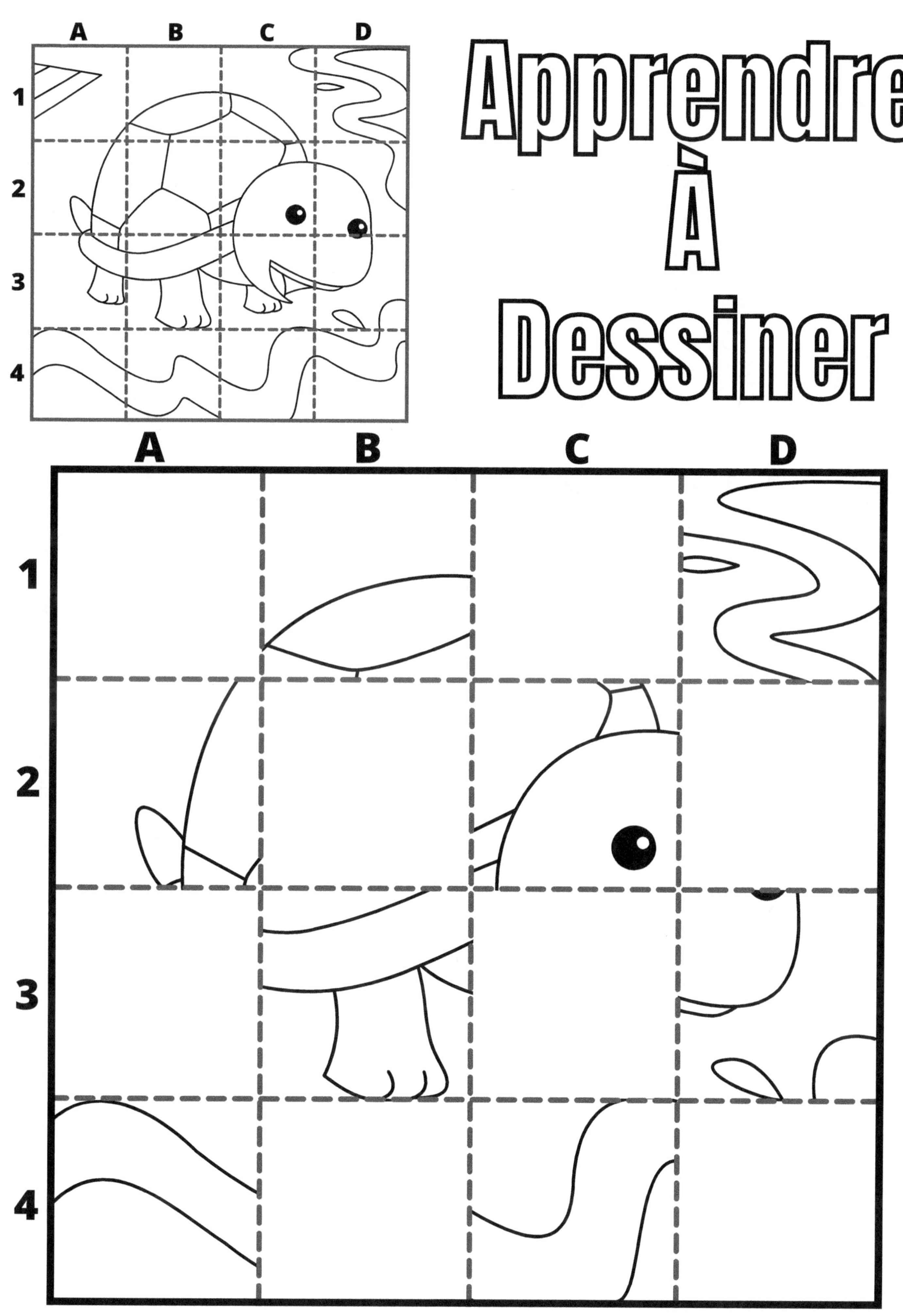
Apprendre
À
Dessiner
A
B
C
D
1
2
3
4

Apprendre À Dessiner

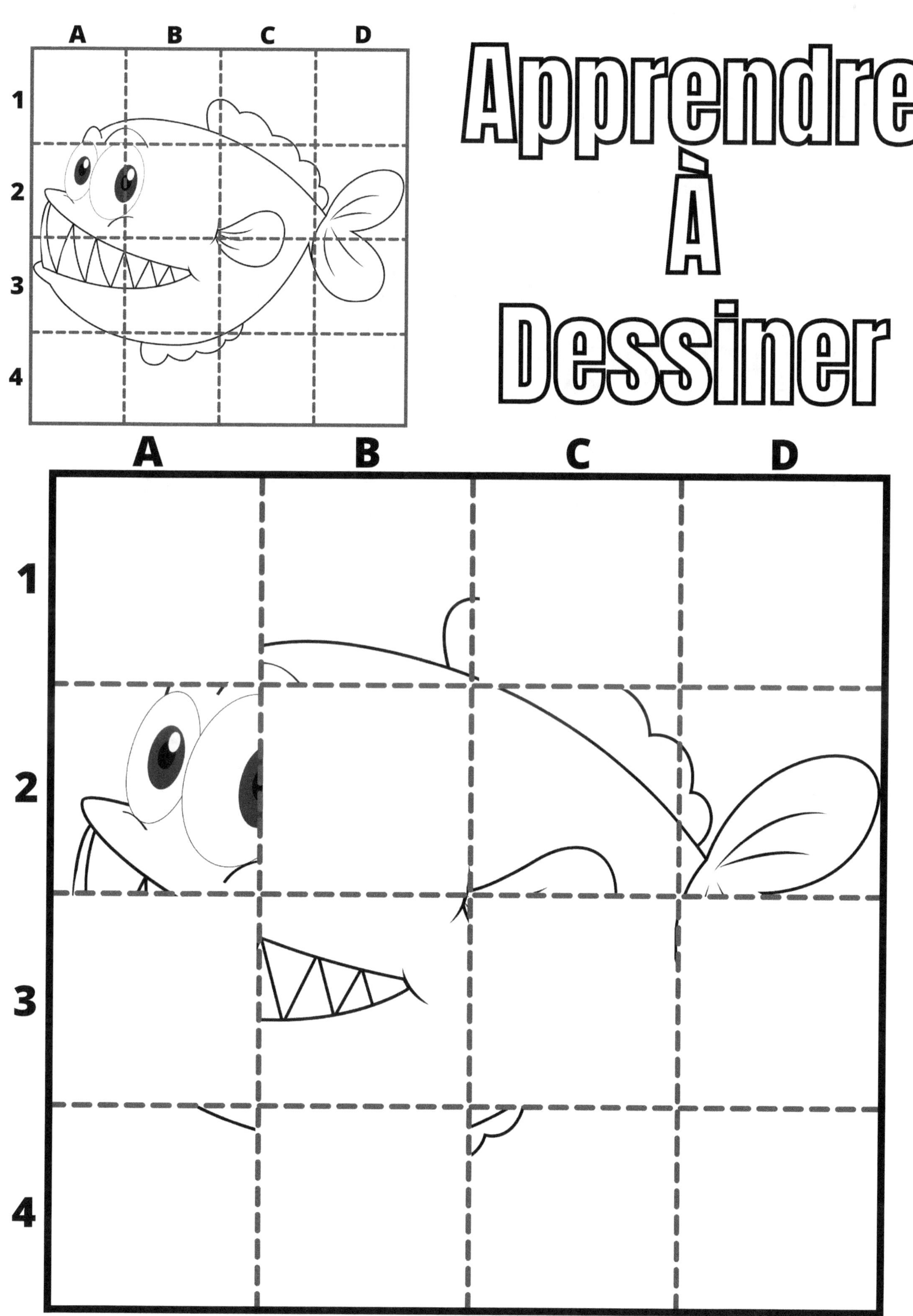

Apprendre À Dessiner

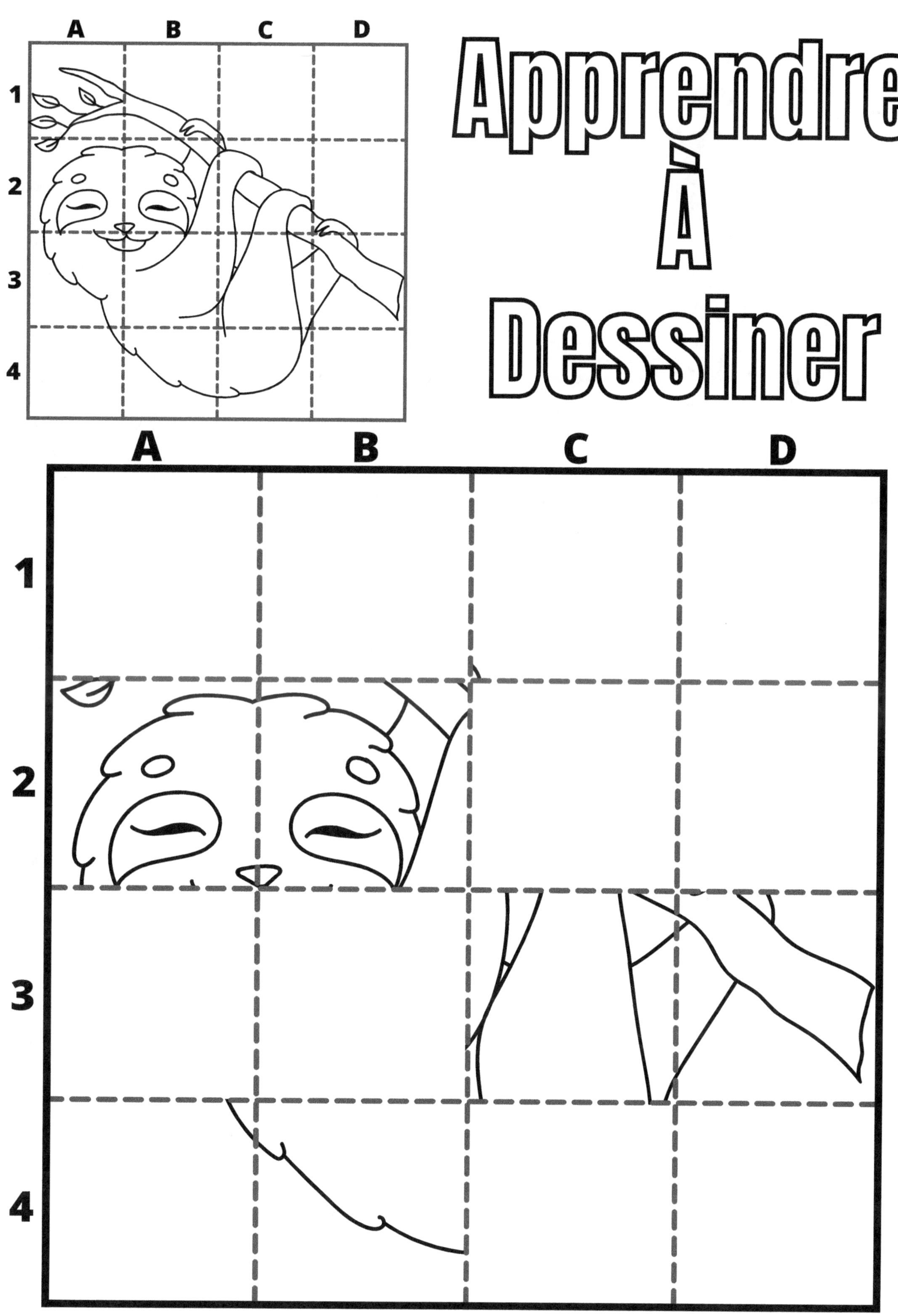

Apprendre À Dessiner

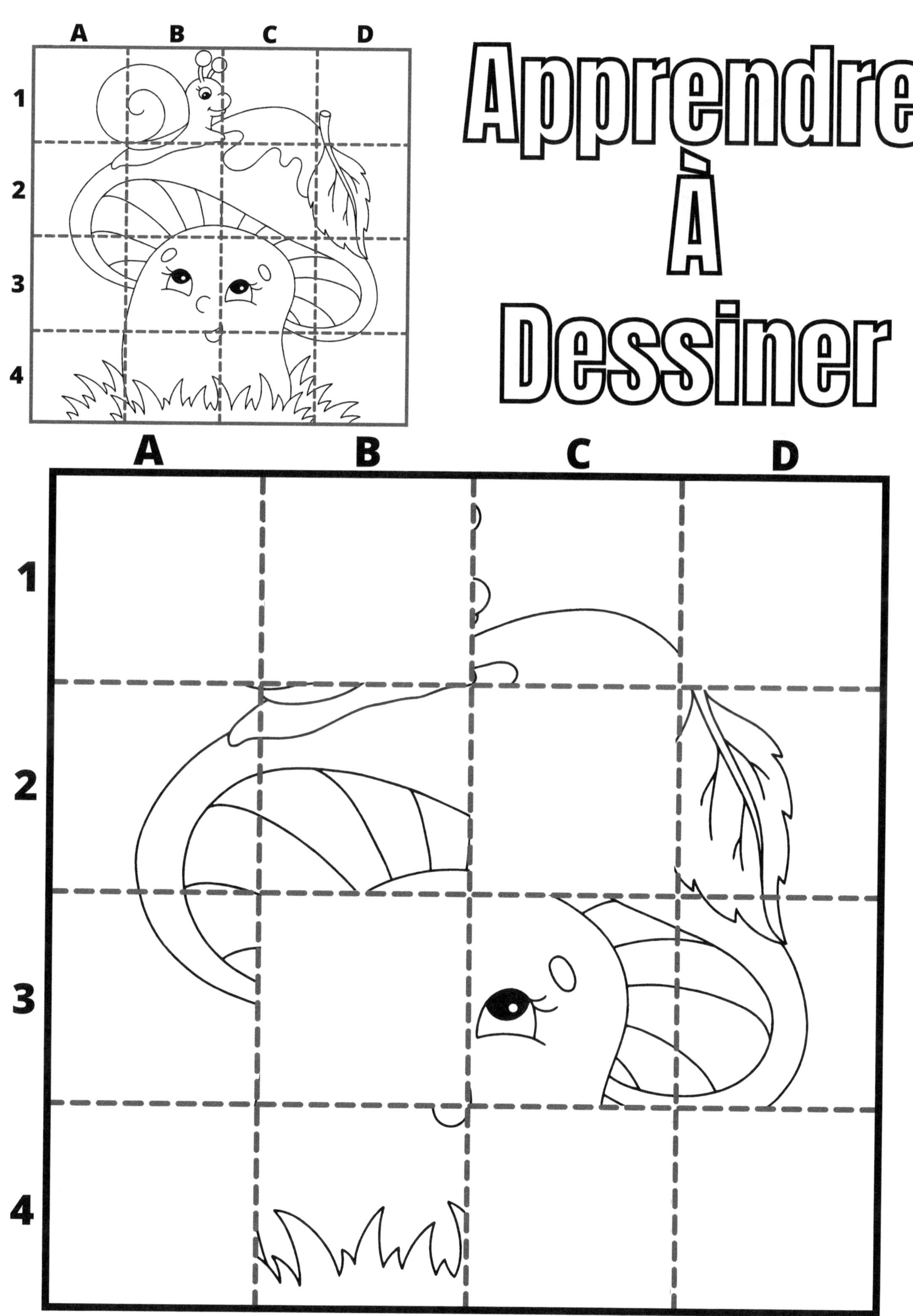

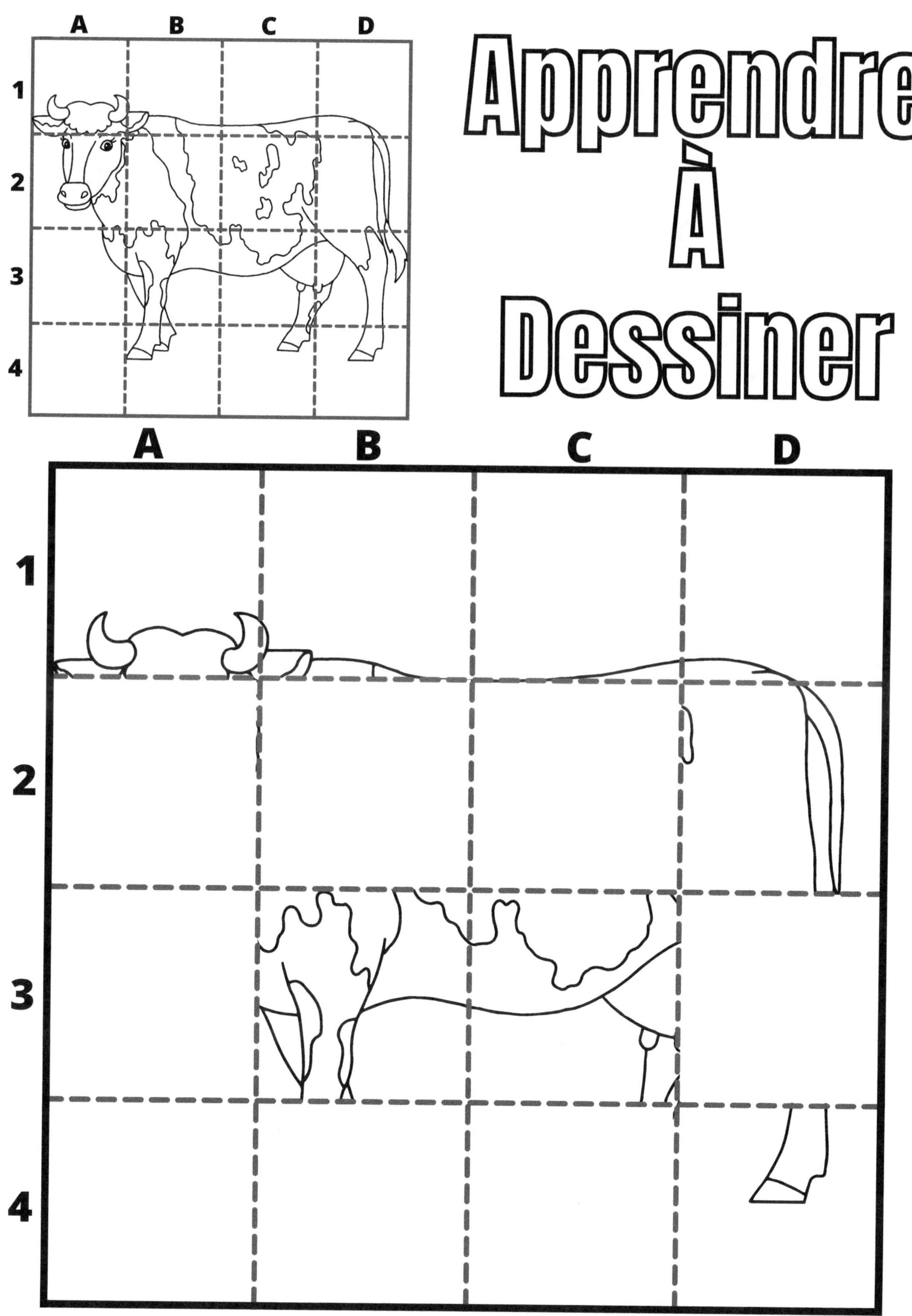

A
B
C
D
1
2
3
4
Apprendre
À
Dessiner
A
B
C
D
1
2
3
4

Apprendre À Dessiner

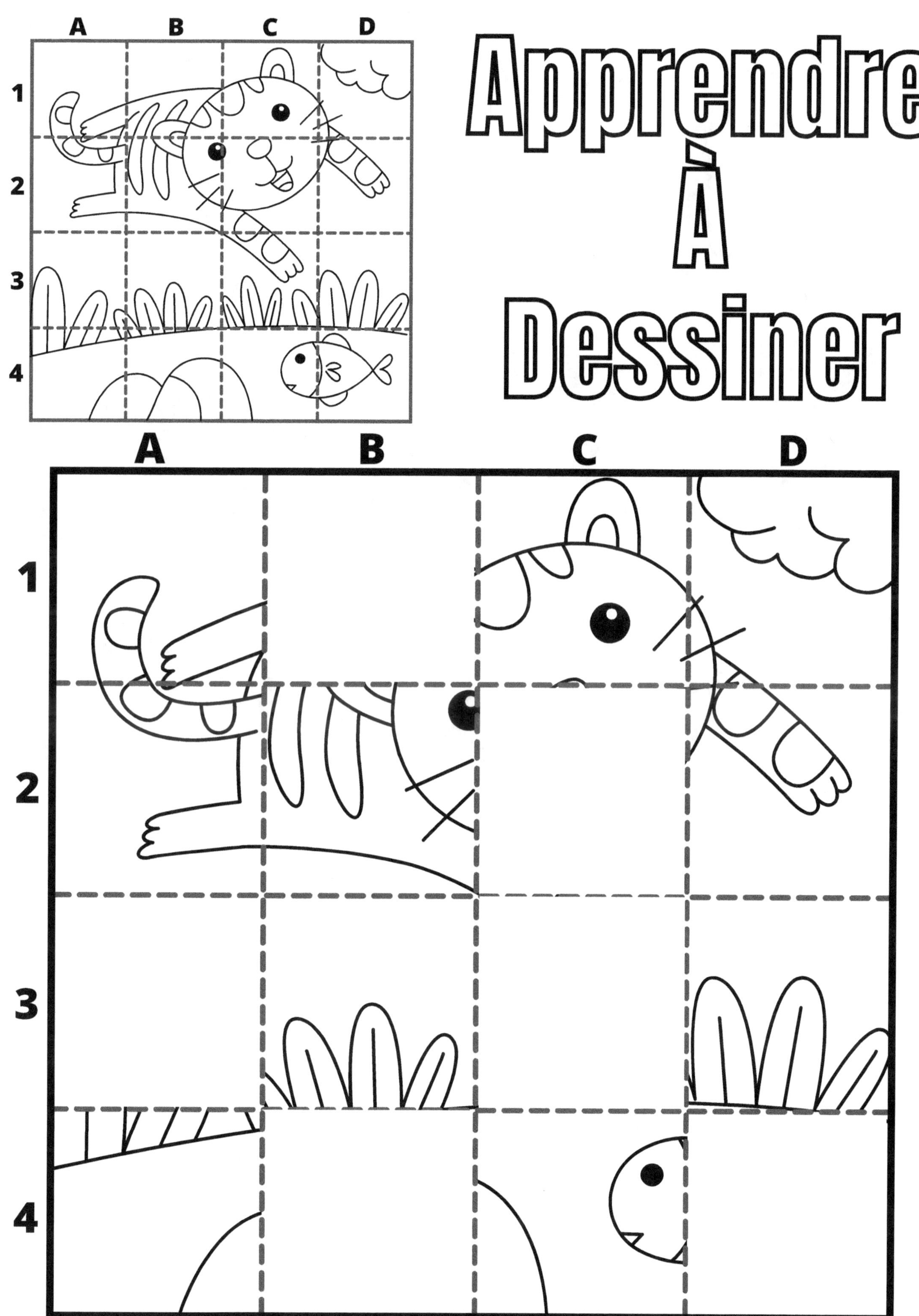

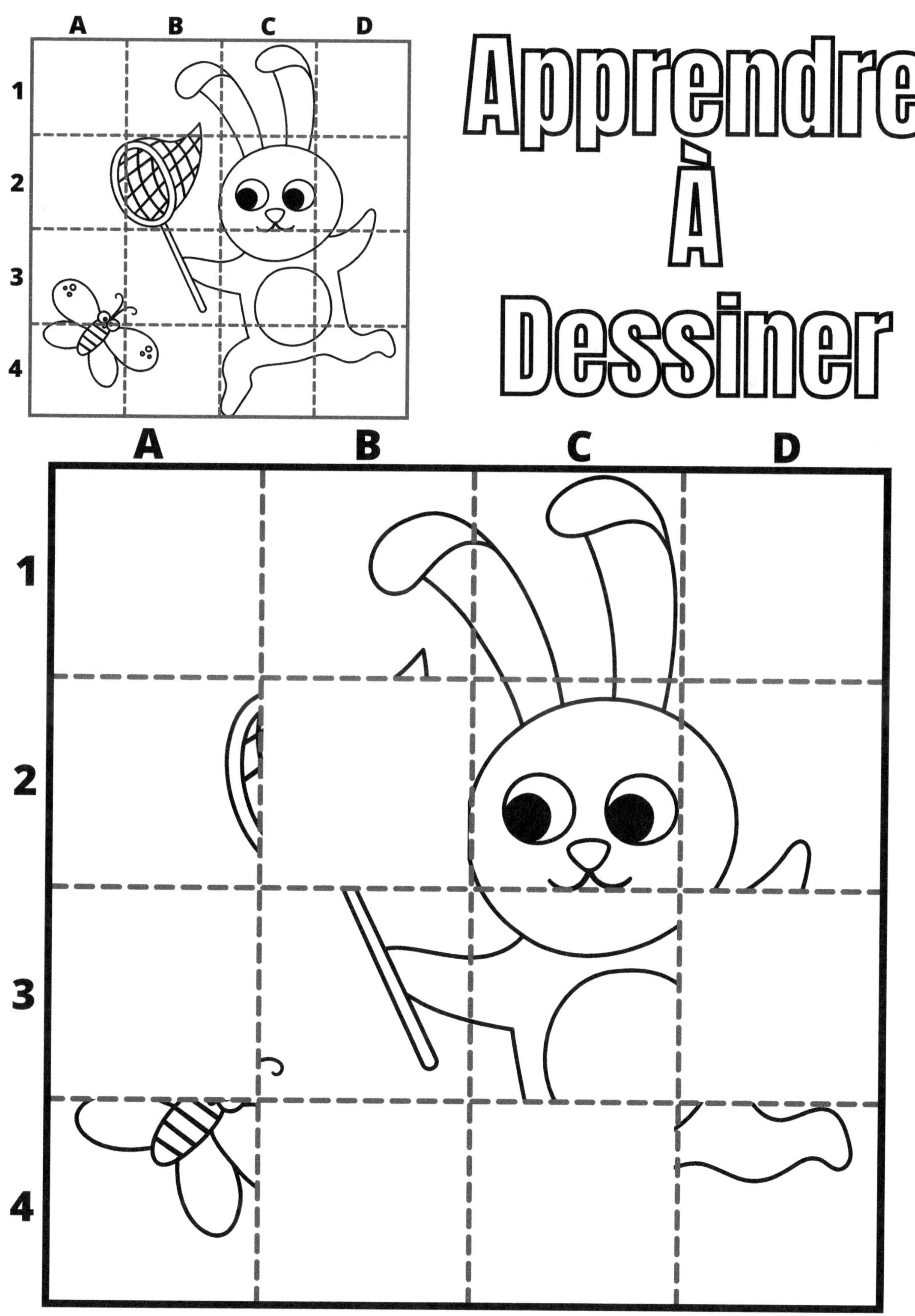

Apprendre
À
Dessiner
A B C D
1 2 3 4
A B C D
1 2 3 4

Apprendre À Dessiner

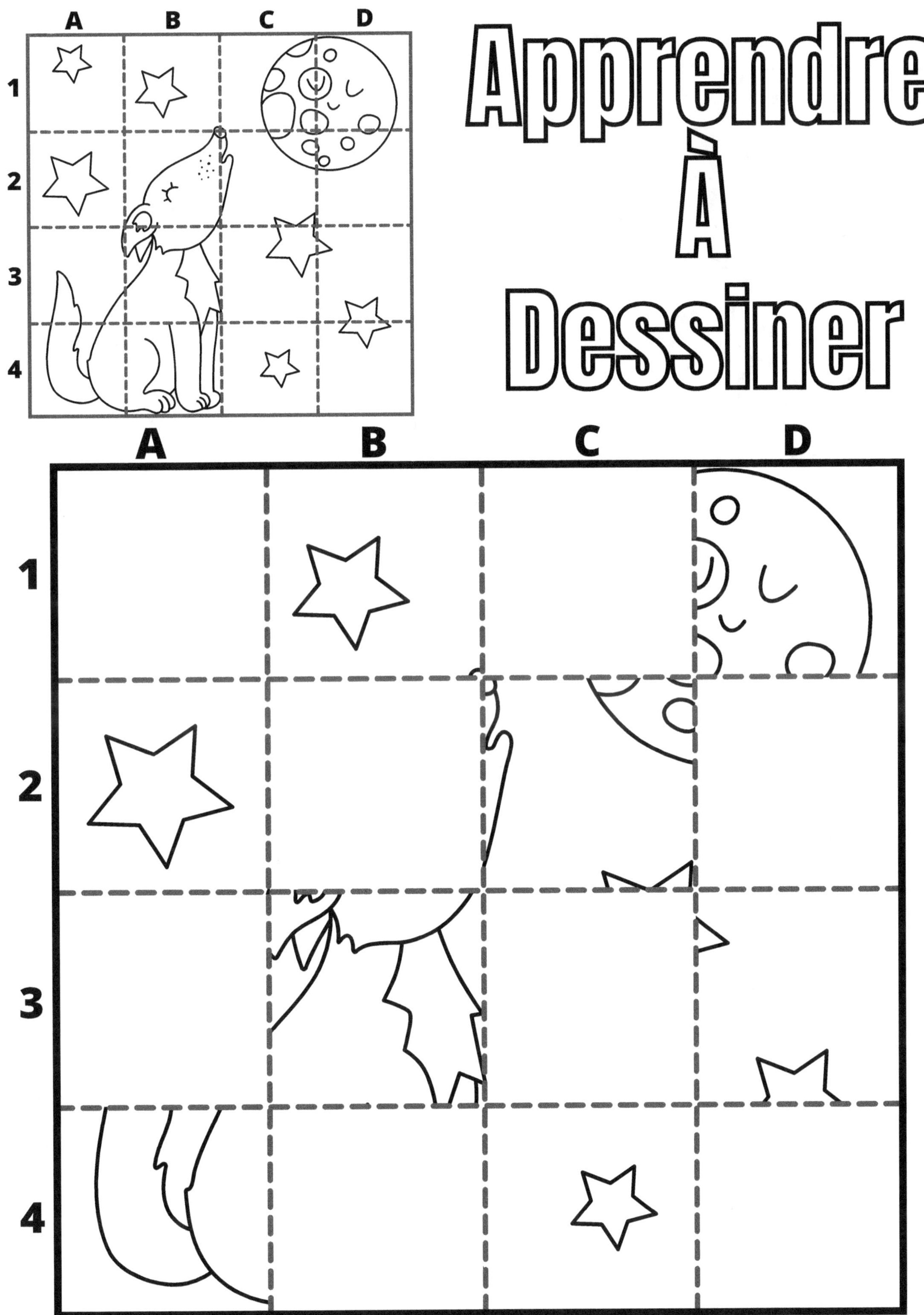

Apprendre À Dessiner

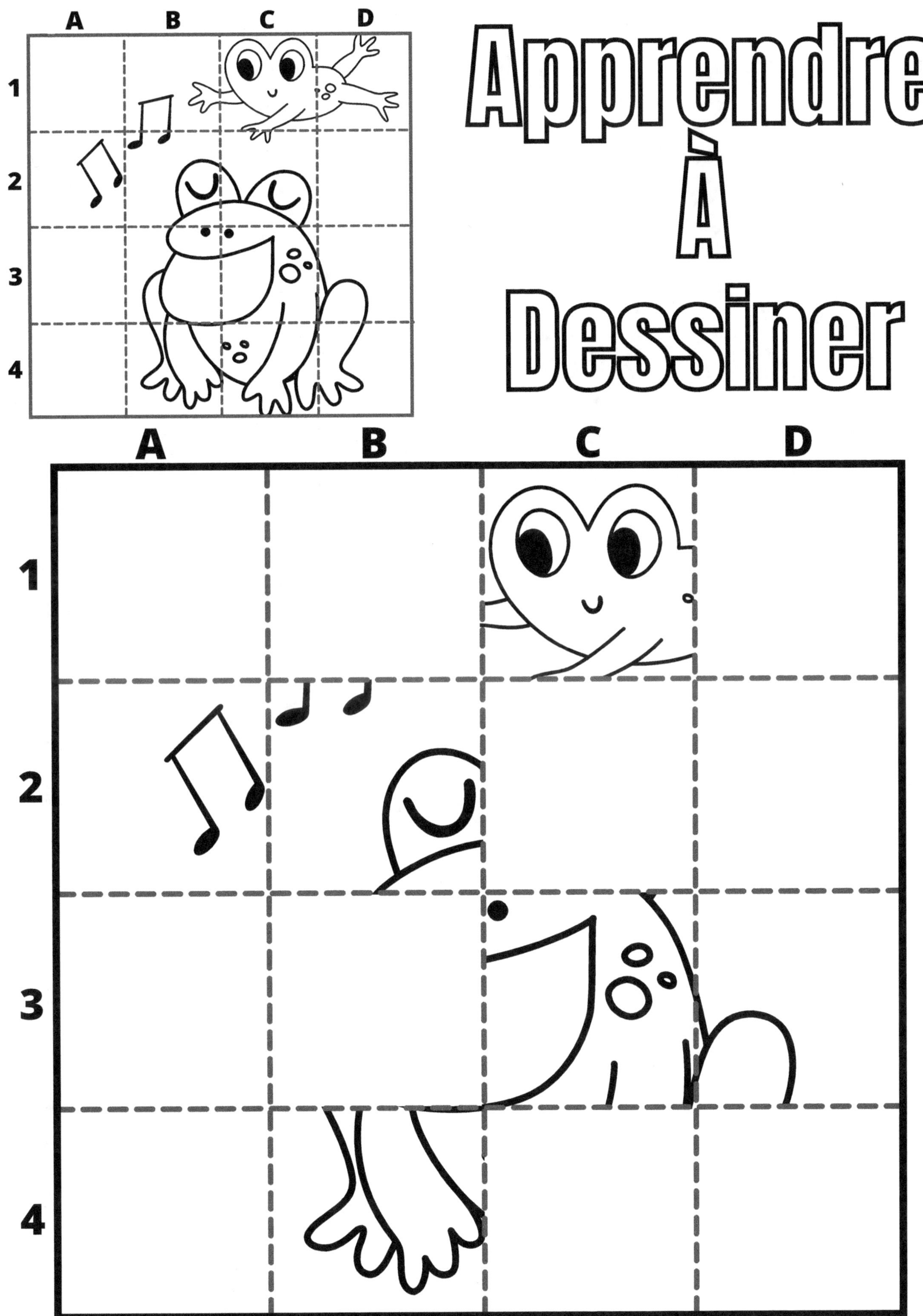

Apprendre À Dessiner

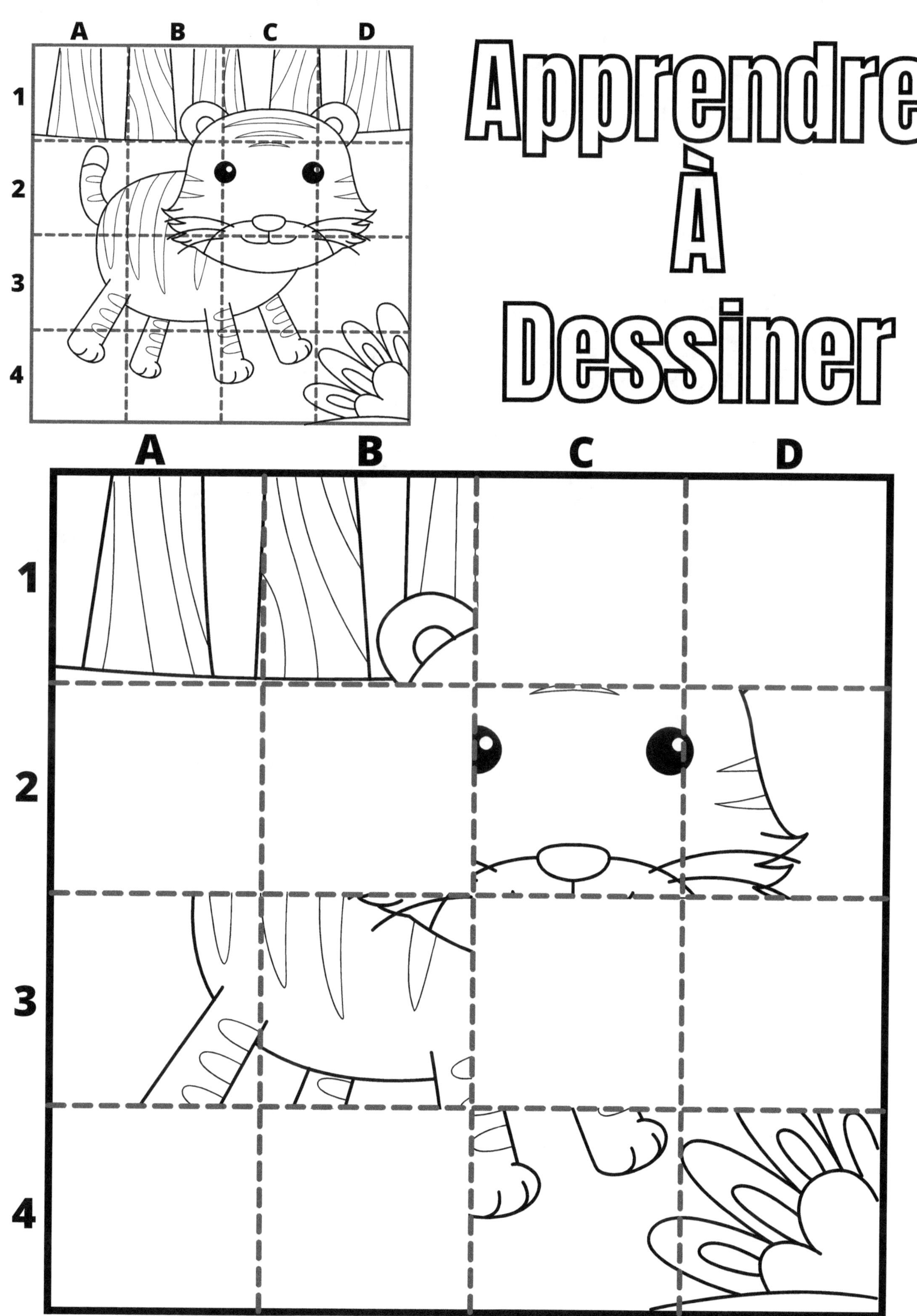

Apprendre À Dessiner

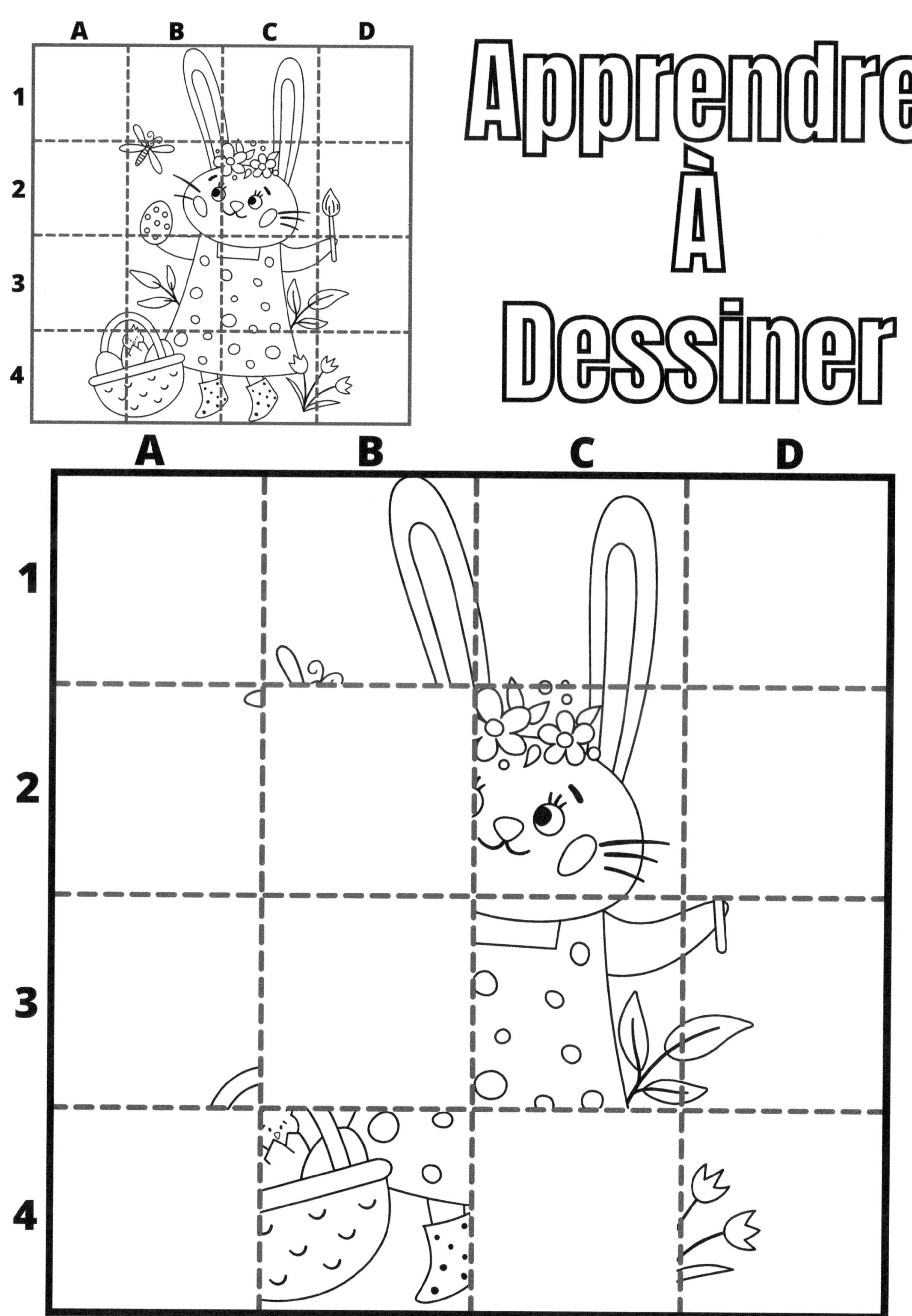

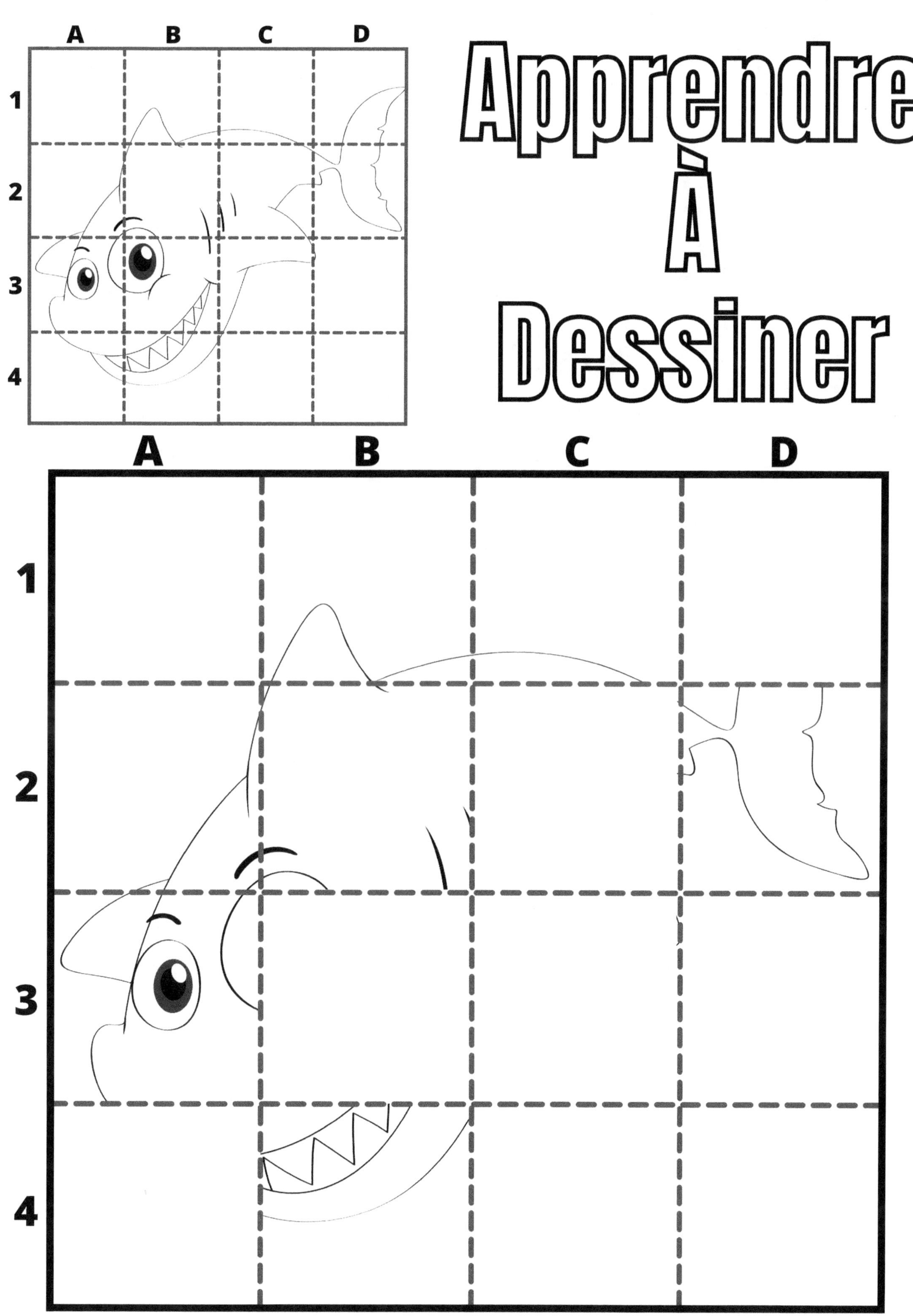
A B C D
1
2
3
4
Apprendre
À
Dessiner
A B C D
1
2
3
4

Apprendre À Dessiner

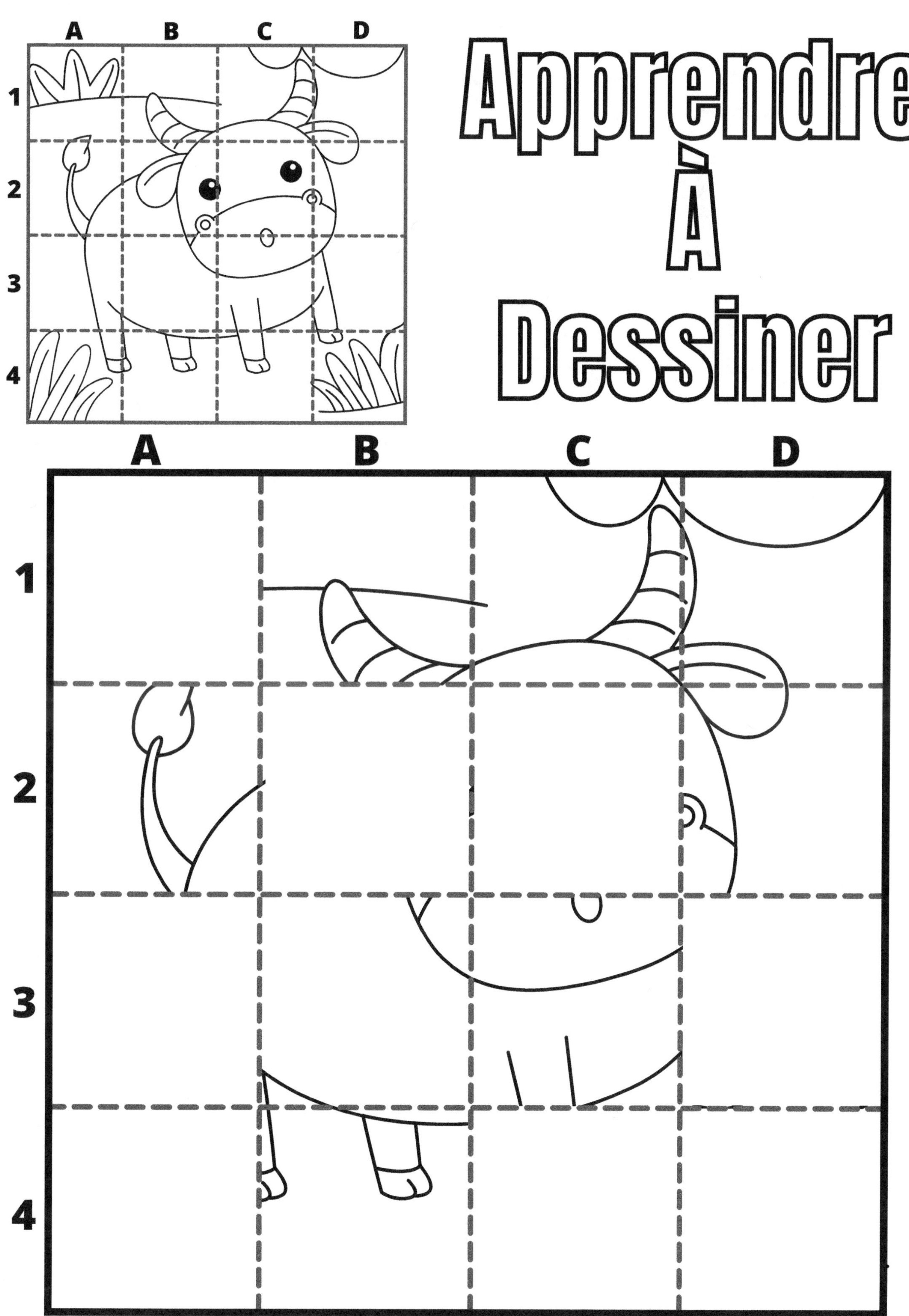

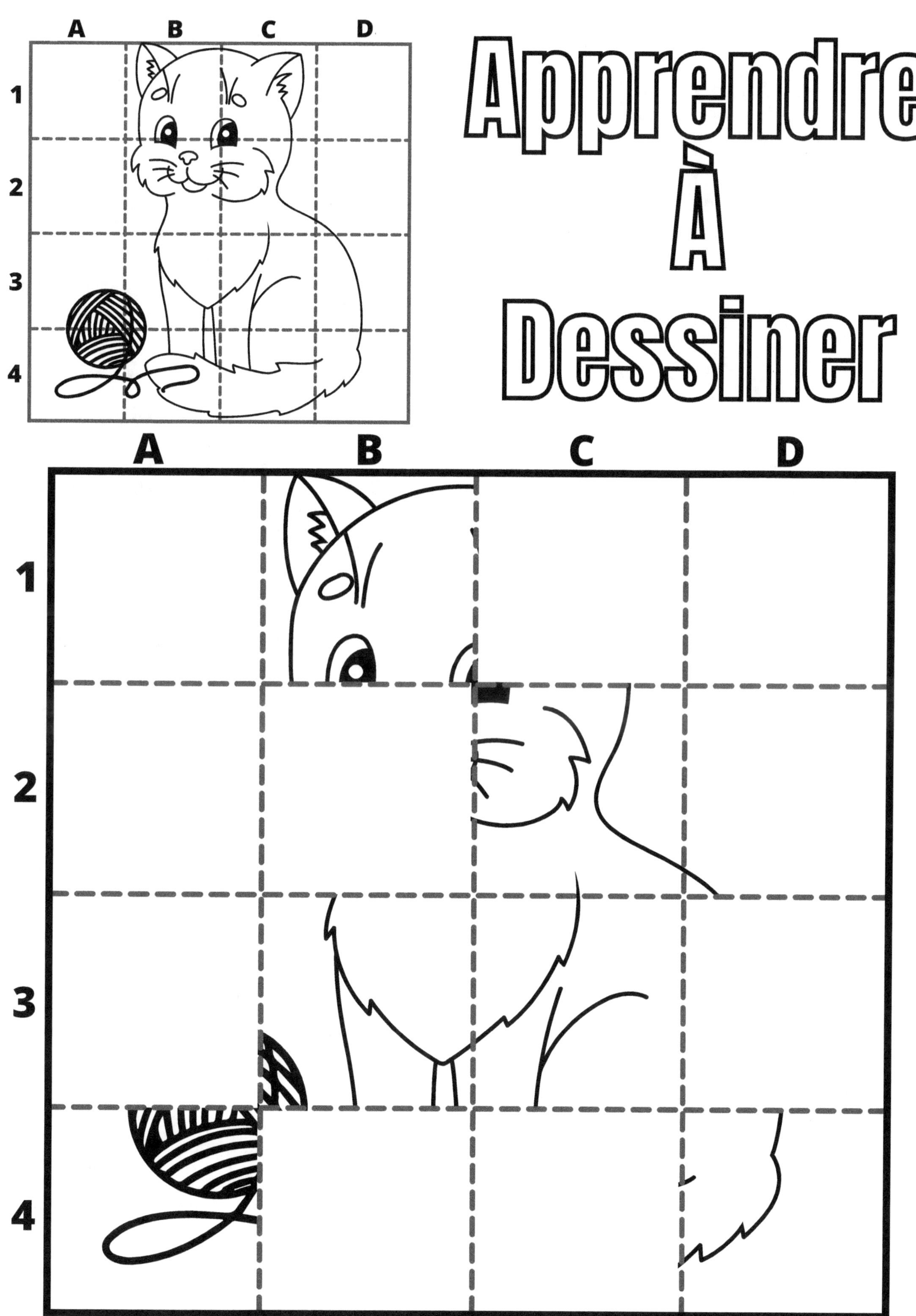
Apprendre
À
Dessiner
A B C D
1
2
3
4
A B C D
1
2
3
4

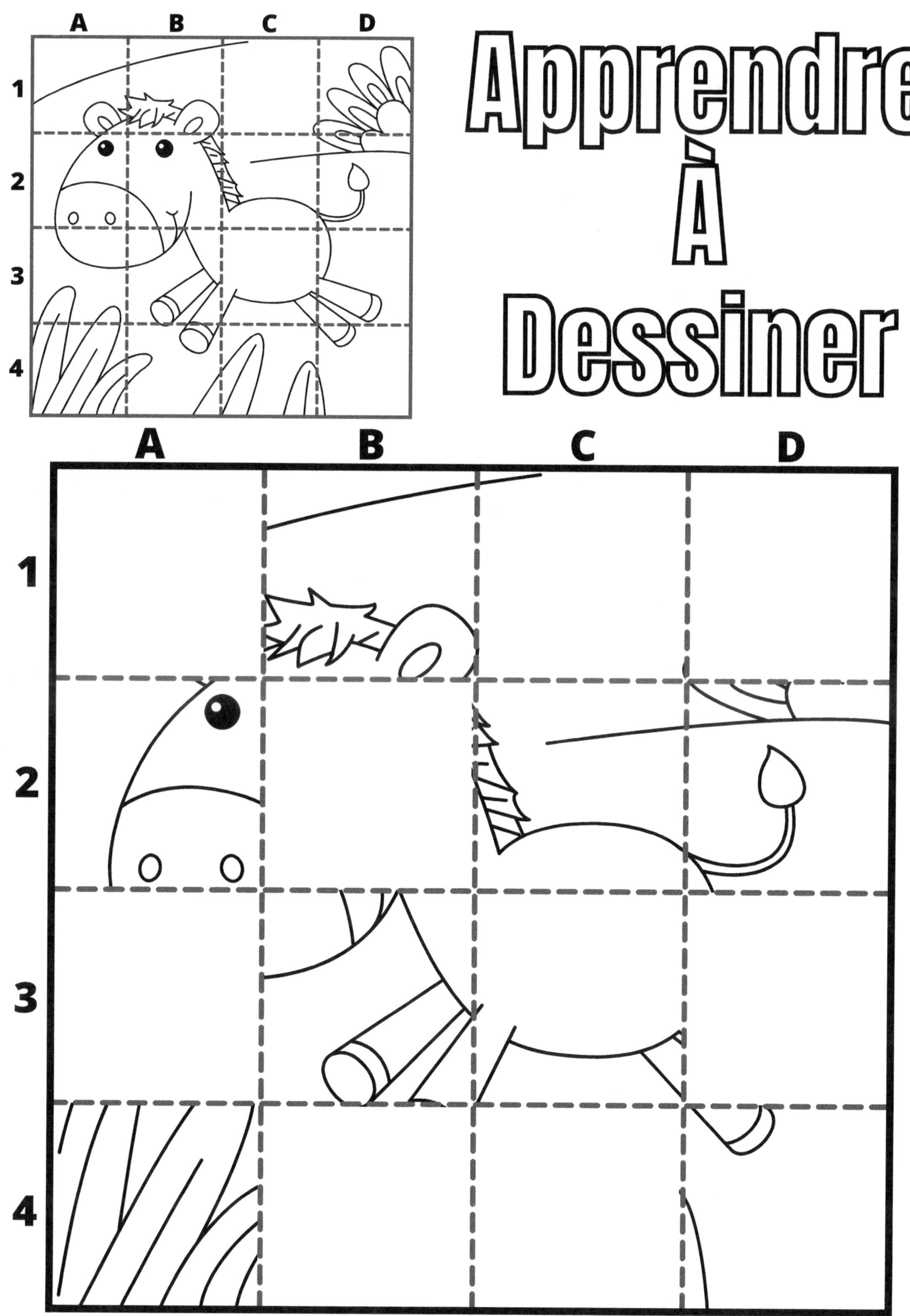
Apprendre
À
Dessiner
A
B
C
D
1
2
3
4
A
B
C
D
1
2
3
4

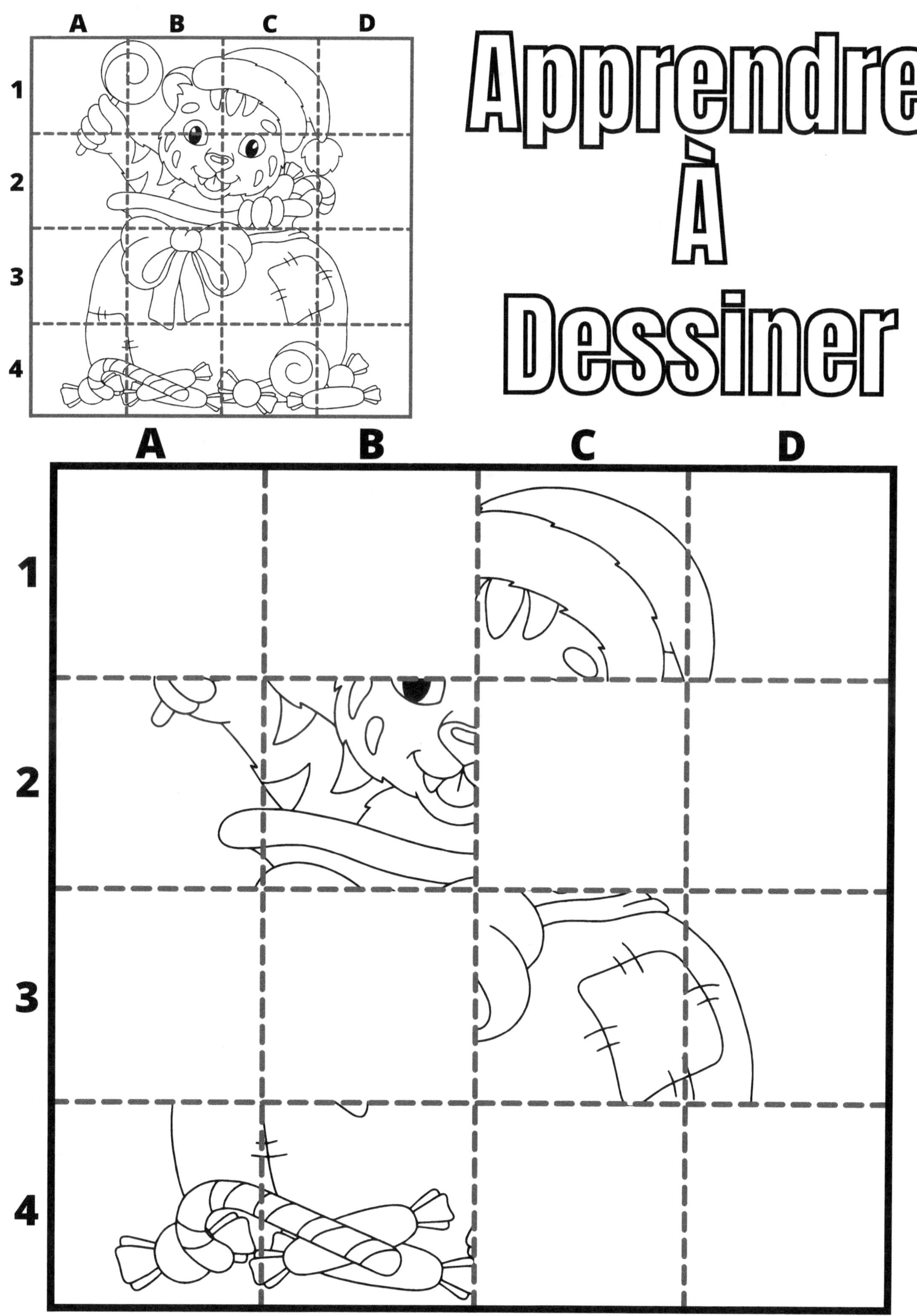

Apprendre
À
Dessiner
A B C D
1
2
3
4
A B C D
1
2
3
4

Apprendre À Dessiner

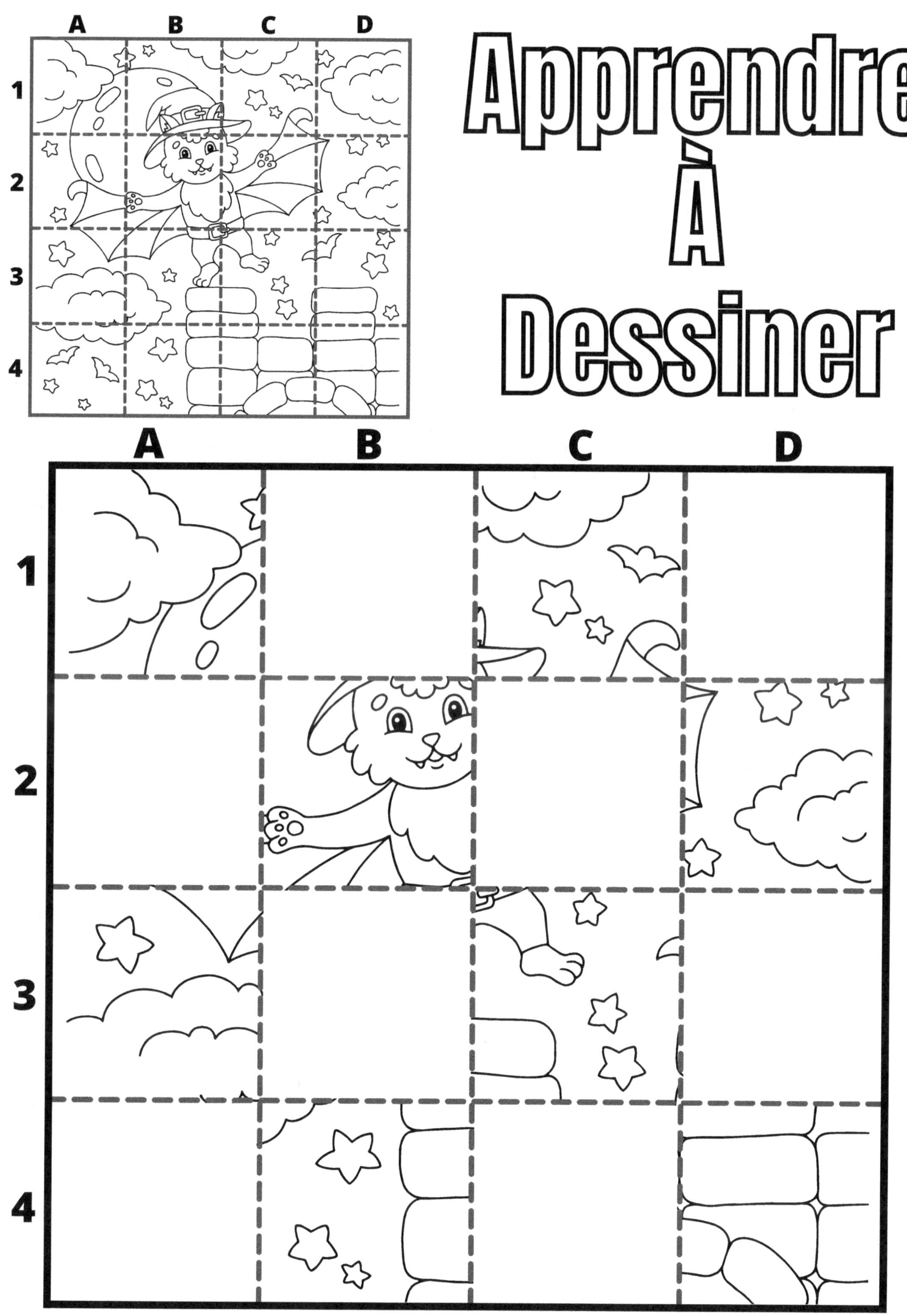

Apprendre À Dessiner

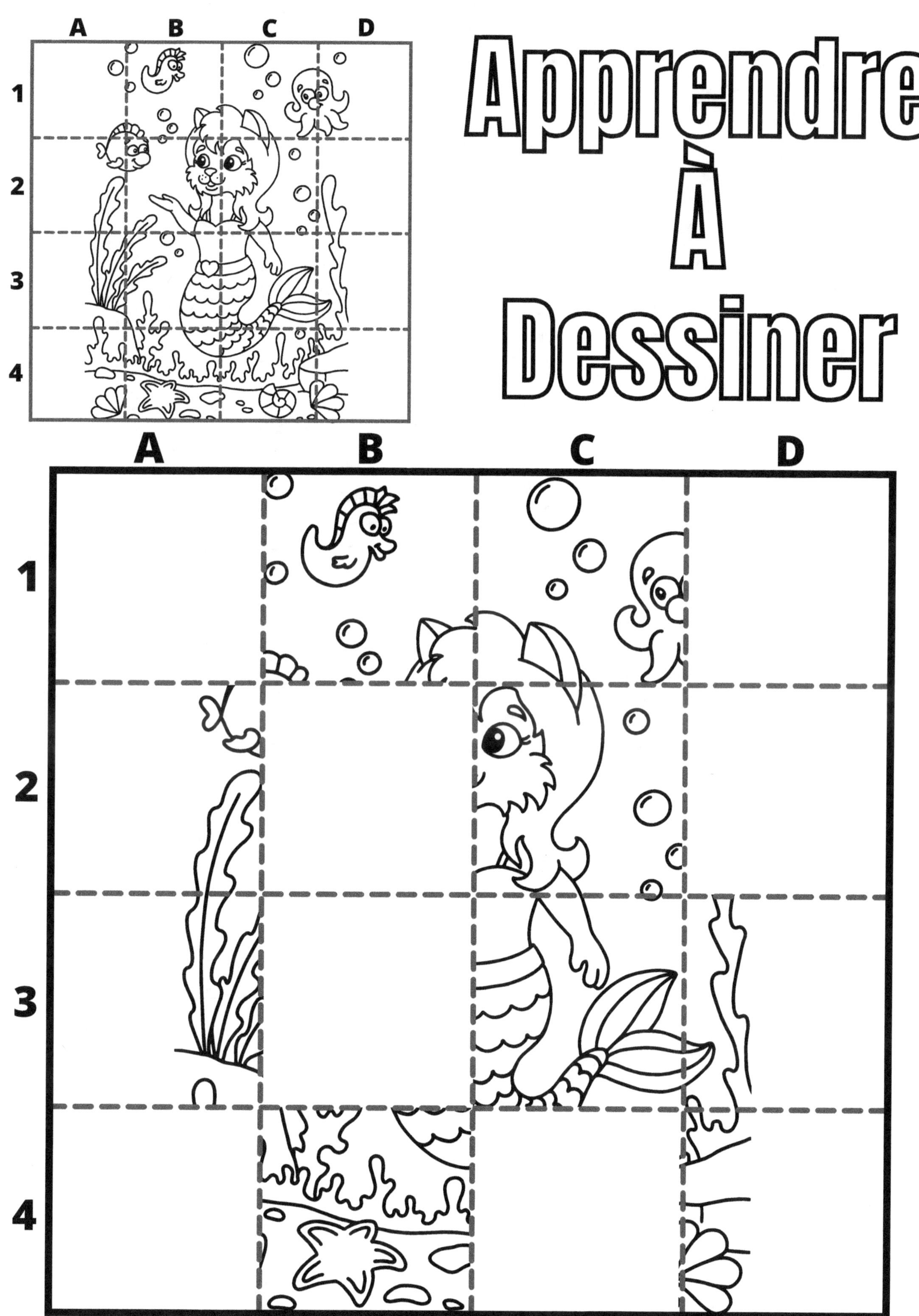

Apprendre À Dessiner

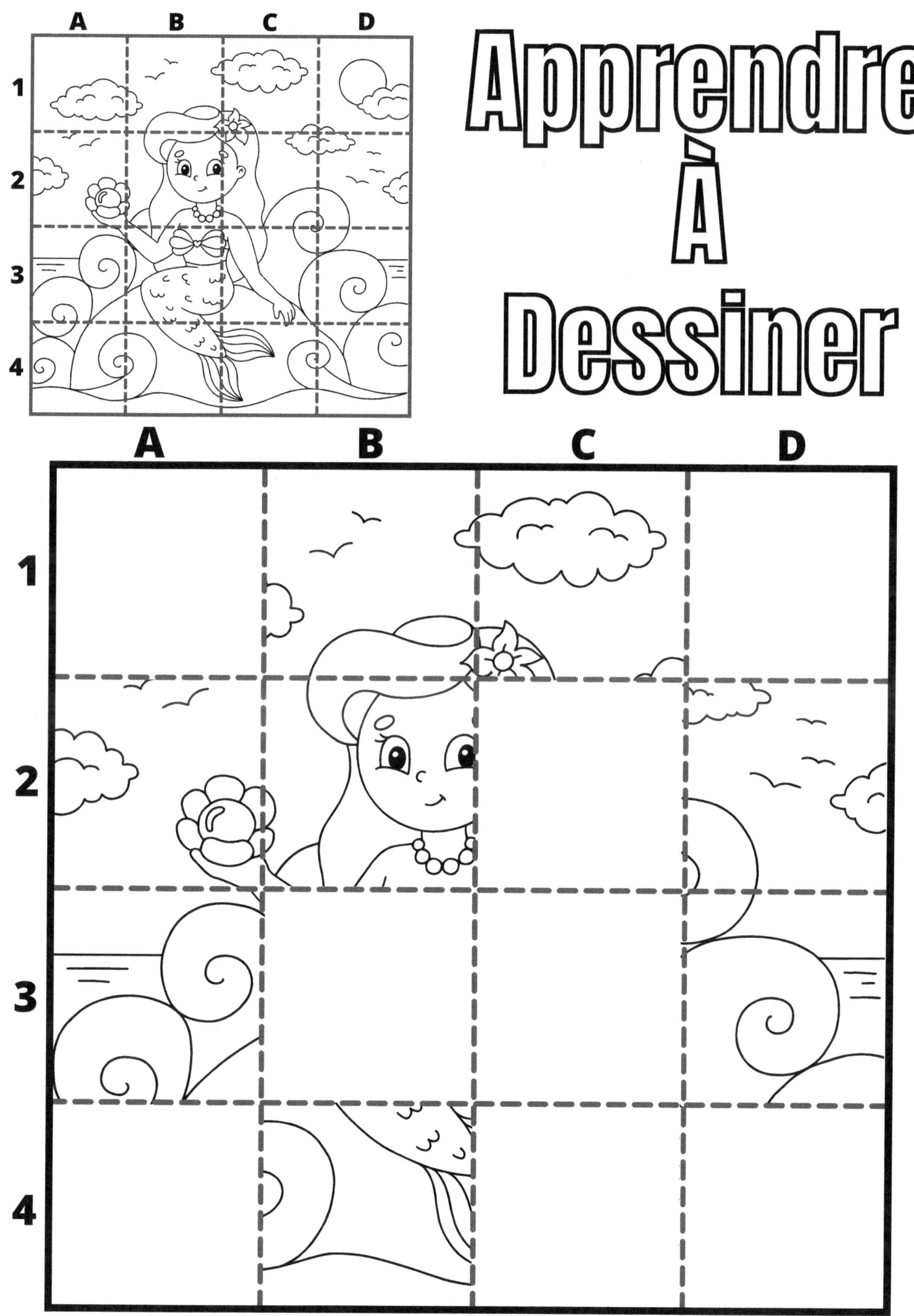

Apprendre À Dessiner

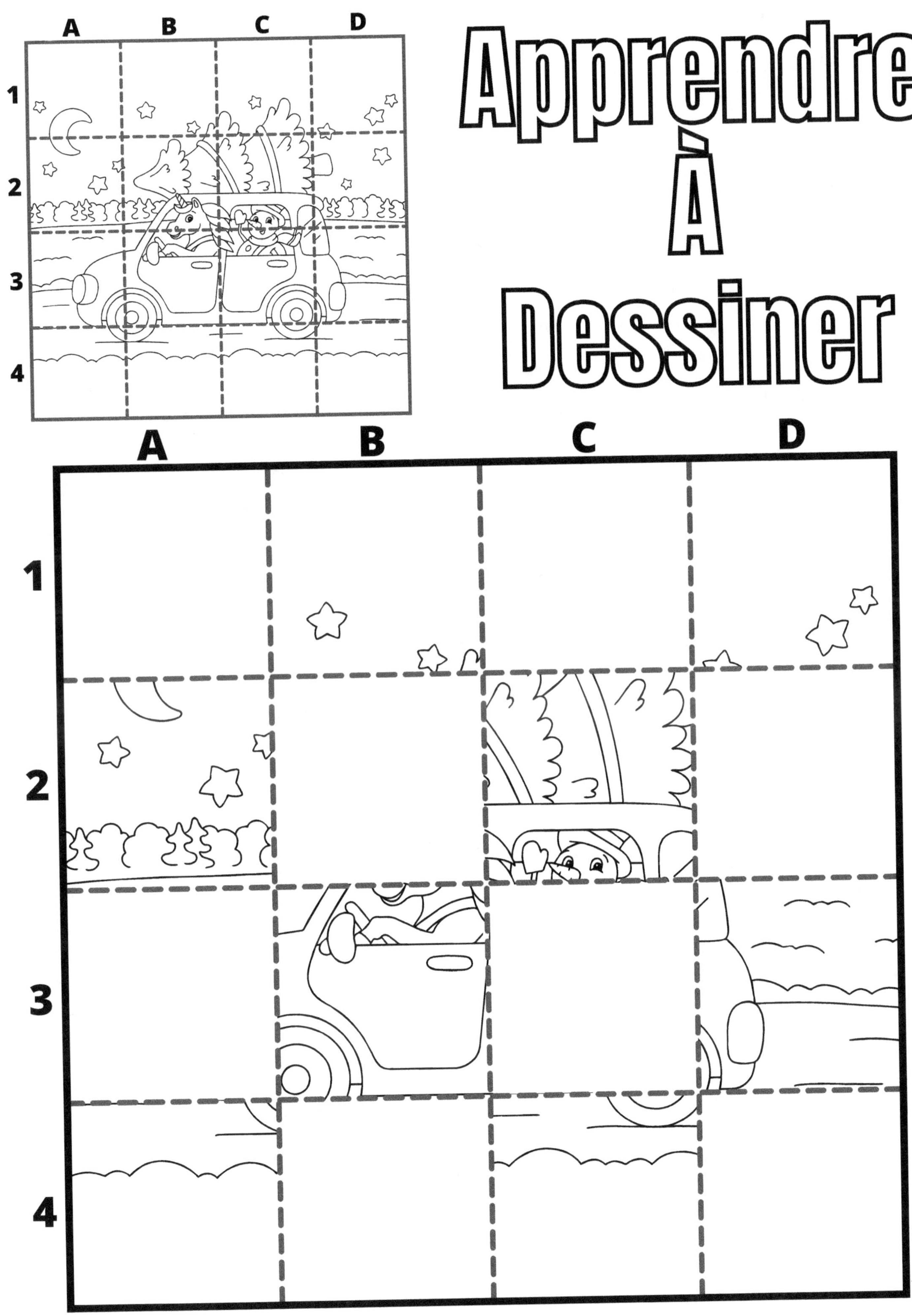

Apprendre À Dessiner

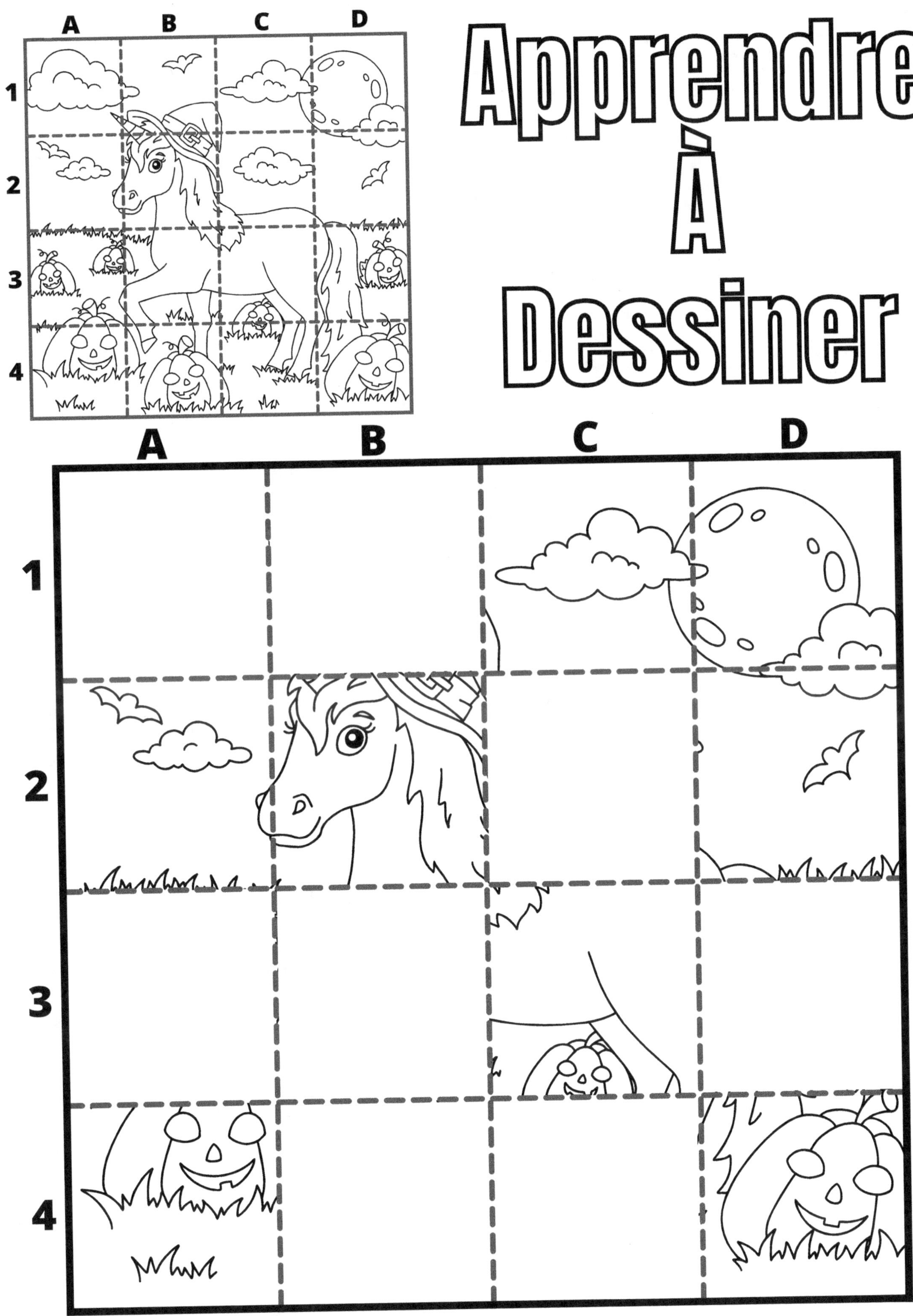

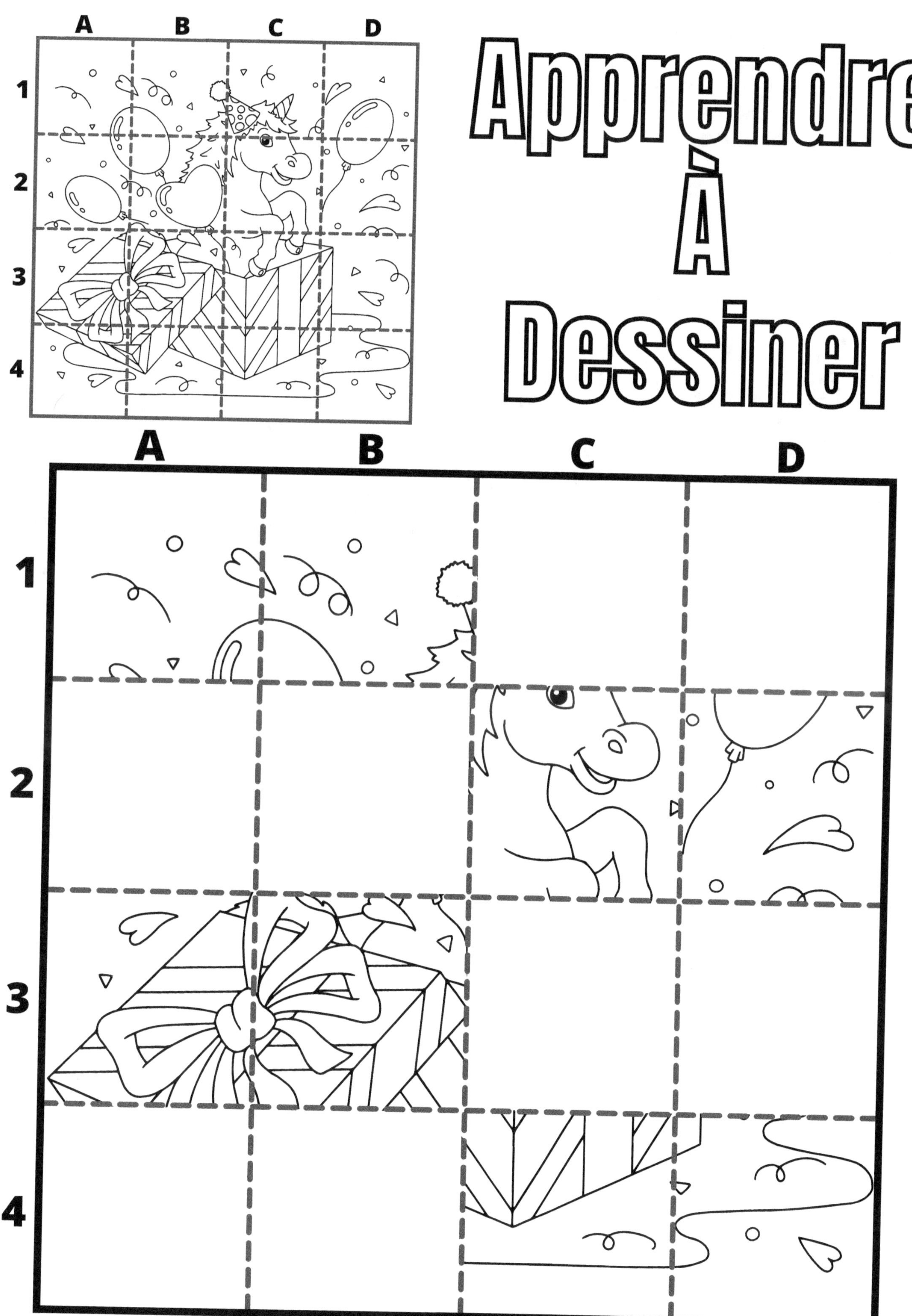
A
B
C
D
1
2
3
4
Apprendre
À
Dessiner
A
B
C
D
1
2
3
4

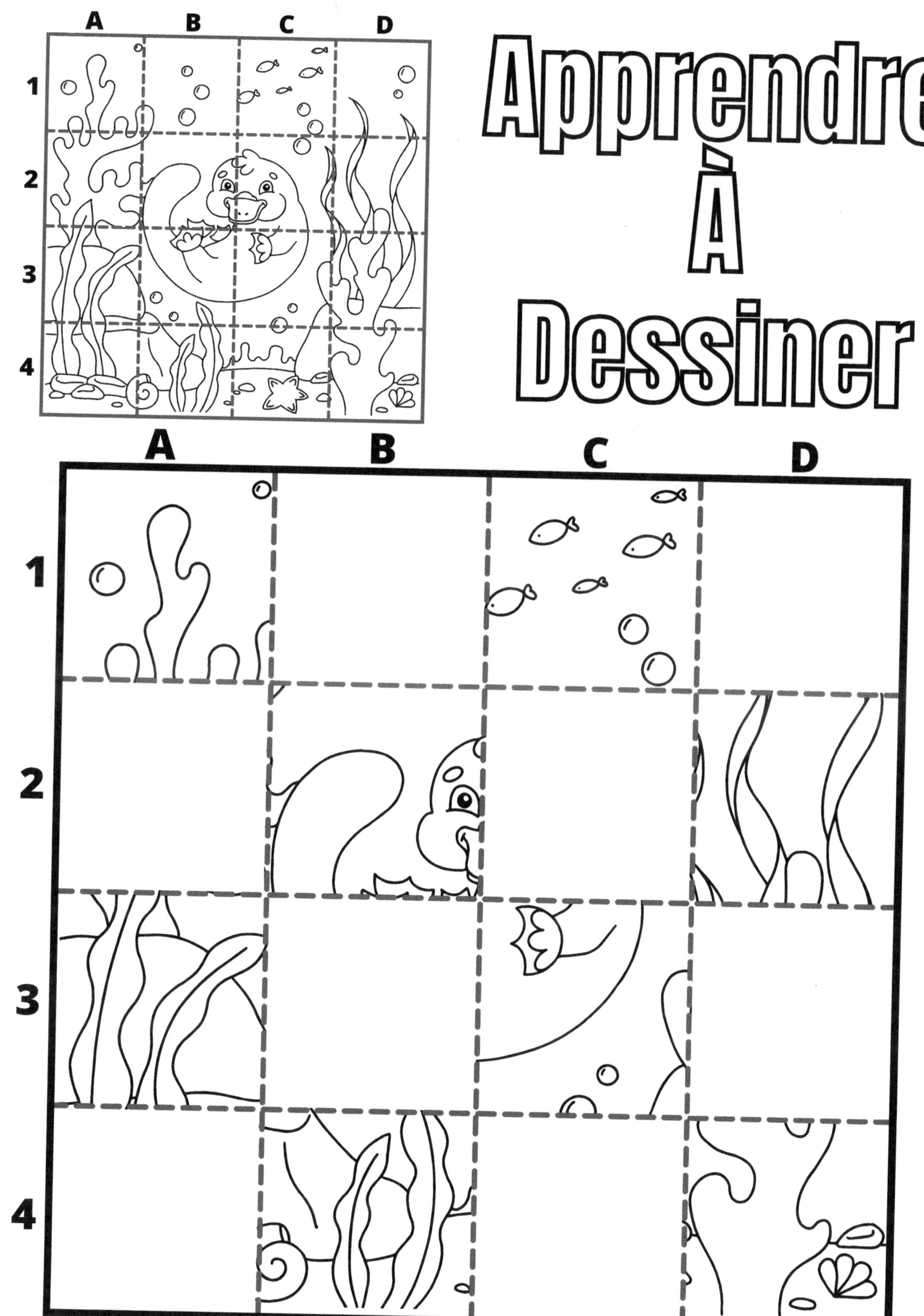
Apprendre
À
Dessiner
A
B
C
D
1
2
3
4

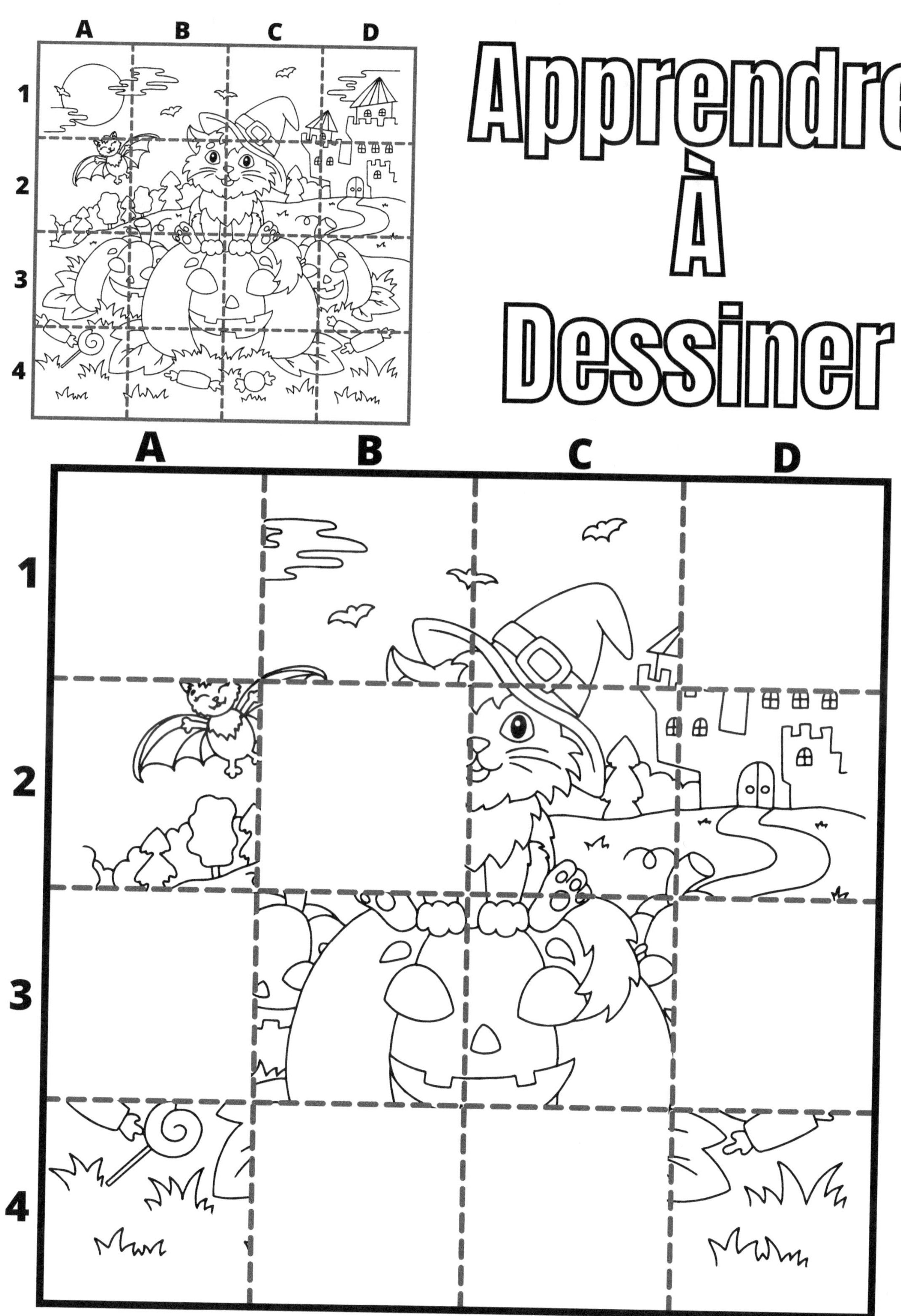

A
B
C
D
1
2
3
4
Apprendre
À
Dessiner
A
B
C
D
1
2
3
4

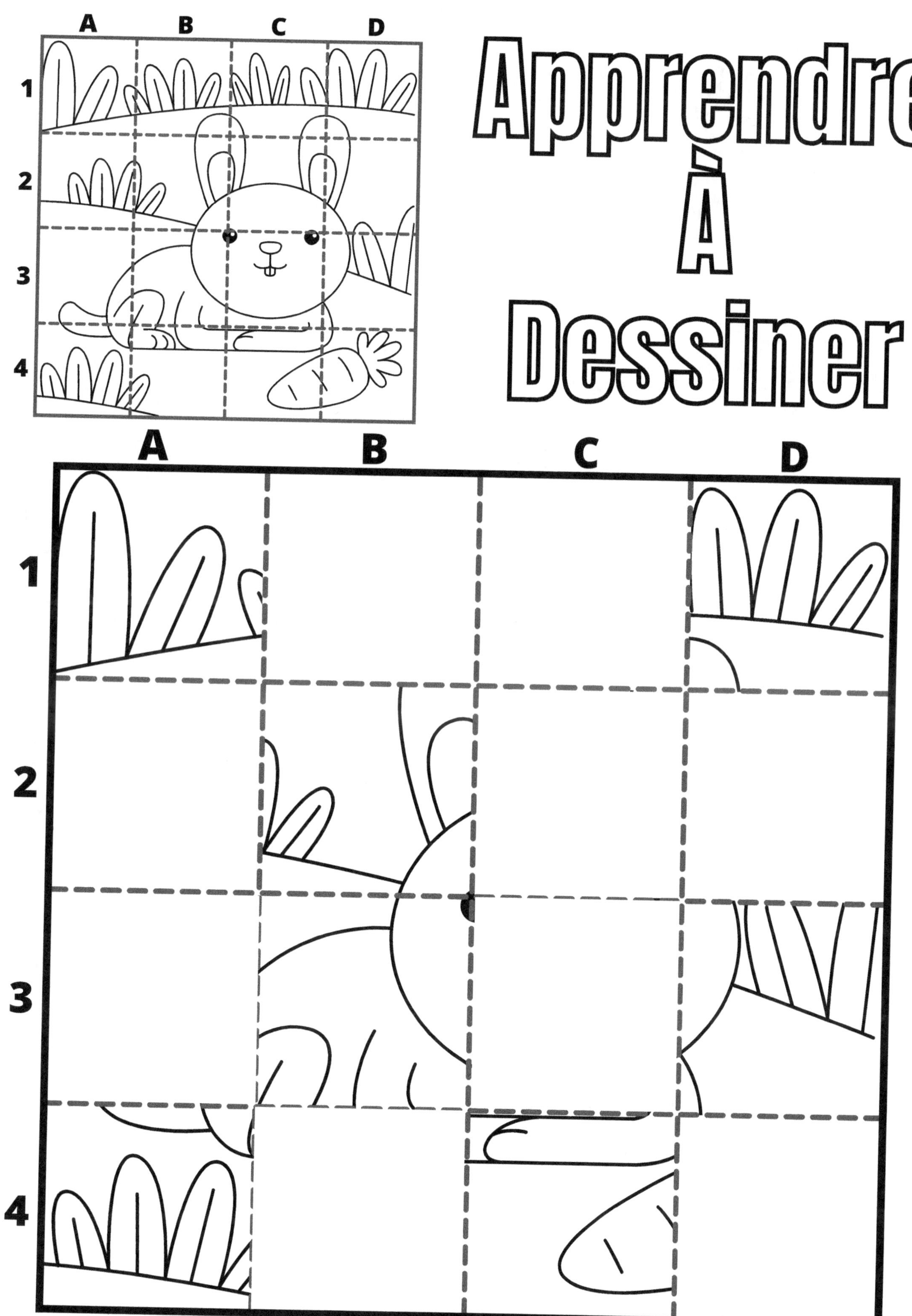

Apprendre
À
Dessiner
A
B
C
D
1
2
3
4

www.ingramcontent.com/pod-product-compliance
Lightning Source LLC
LaVergne TN
LVHW080210180826
845678LV00024BA/2036